孙子兵法与互联网思维

常金平◎著

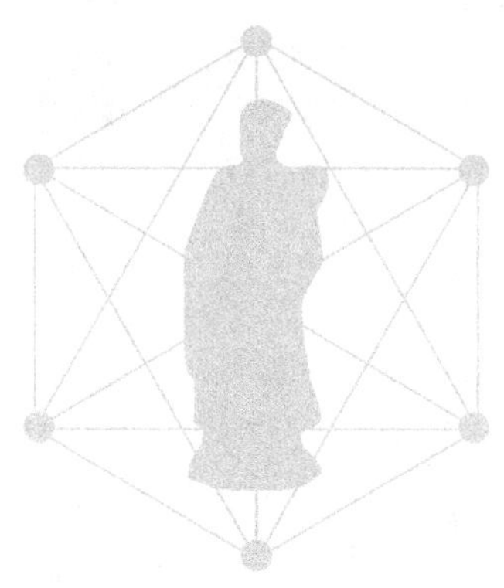

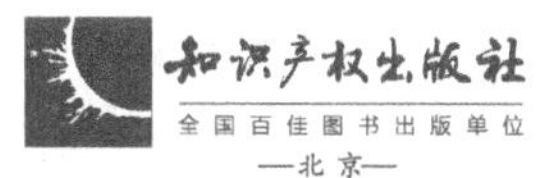

图书在版编目（CIP）数据

孙子兵法与互联网思维/常金平著. —北京：知识产权出版社，2021.8
ISBN 978-7-5130-7677-7

Ⅰ.①孙… Ⅱ.①常… Ⅲ.①孙子兵法—应用—电子商务—商业企业管理—研究—中国 Ⅳ.①F724.6

中国版本图书馆 CIP 数据核字（2021）第 170211 号

内容提要

本书主要研究孙子兵法和互联网时代的共性思维方式，围绕全面思维、辩证思维、整体思维、求知思维、求是思维和求新思维展开研究，既有理论归纳，又有典型案例分析。

责任编辑：栾晓航　　**责任校对**：潘凤越
封面设计：杨杨工作室·张冀　　**责任印制**：孙婷婷

孙子兵法与互联网思维
常金平　著

出版发行：知识产权出版社有限责任公司　　**网　　址**：http：//www.ipph.cn
社　　址：北京市海淀区气象路 50 号院　　**邮　　编**：100081
责编电话：010-82000860 转 8382　　**责编邮箱**：luanxiaohang@cnipr.com
发行电话：010-82000860 转 8101/8102　　**发行传真**：010-82000893/82005070/82000270
印　　刷：北京建宏印刷有限公司　　**经　　销**：各大网上书店、新华书店及相关专业书店
开　　本：787mm×1092mm　1/16　　**印　　张**：11.75
版　　次：2021 年 8 月第 1 版　　**印　　次**：2021 年 8 月第 1 次印刷
字　　数：160 千字　　**定　　价**：59.00 元
ISBN 978-7-5130-7677-7

前　言

随着互联网技术的逐步发展，越来越多的商业形态受到互联网的冲击。当这种冲击不断加深和变革不断加剧的时候，互联网就不仅是一种技术，而是一种思维范式，也就是当前大家热衷探讨的互联网思维。说到底，互联网思维作为一种思维智慧和思考方式，不是随着互联网技术的出现而出现的，而是在互联网时代下的集中爆发。

在互联网时代，一面是互联网企业如火如荼、高歌猛进，一面是传统企业触网转型的慷慨悲歌，上演了一场大变革大转型的时代交响曲。在这生死存亡的关键时刻，谁能够充分理解和把握电子商务的实质，更好地利用互联网思维去优化企业的价值链，谁就能在这残酷的商业竞争中脱颖而出。到底什么是互联网思维呢？对于这样的命题各方面的专家从不同的角度和侧面给出很多答案，目前为止，一般认为互联网思维是指在互联网、大数据、云计算等科技不断发展的背景下，对市场、对用户、对产品、对企业价值链乃至对整个商业生态进行重新审视的思考方式。

互联网思维作为一种思维智慧和思考方式，其名称和定义虽然出现在互联网时代，但是其内涵和外延，远远超出了时间和空间的界限，从一定意义上来说这种思维方式的形成，受到文化传统和思维习惯的影响。究其互联网思维的实质，它不仅是一种思考方式，也是一种哲学方法论和商业对人性的回归。经常有人问这样一个问题，互联网技术虽然发源于西方，而为什么像阿里巴巴这样的电子商务巨头却出现在中国呢？这也许是中国的传统国学底蕴和哲学思维基础，使得中国企业家更能建立科学合理和顺应时代发展的互联网思维。笔者曾经对《孙子兵法》研究发现，古代《孙子兵法》所体现出来的管理和思维智慧与当代互联网思维有异曲同工之处，古为今用，把传统文化的精髓与互联网时代元素相互融合和促进，更好地实现互联网经济的转型升级和良性发展。让我们带着互联思维的生涩去领略《孙子兵法》那金戈铁马的韵味，去汲取管理和思维智慧的精华。

《孙子兵法》是中华民族五千年璀璨文化中的瑰宝，是我国现存的最古老的军事理论专著，也是世界上流传时间最长、传播范围最广、历史影响最大的兵学巨著，被称为兵学圣经，同《君主论》和《智慧书》被世界公认为三大智慧奇书，在政治、经济、社会、文化和商贸等各个领域都有着深远的影响，特别是在人类的军事战争和国防建设领域更是无与伦比，享有“兵学圣典”“世界古代第一兵书”“兵经”等美誉。

《孙子兵法》自问世 2500 多年以来，备受古今中外军事家、学者的推崇。在中国历史上，著名的军事家如：韩信、曹操、诸葛亮、岳飞等，都从《孙子兵法》中汲取智慧，创造了辉煌的战绩。孙中山曾评价道：“就中国历史来考究，两千多年的兵书，有十三篇，那十三篇兵书，便成为中国的军事哲学。”毛泽东也高度概括地指出：“孙子的规律是科学态度的真理。”不仅如此，《孙子兵法》对世界军事史也产生了重要的影响。它的出现不仅比古希腊罗多德、色诺芬和古罗马弗龙廷的军事著作都早，而且更具体、更有学术价值。所以早在唐朝时期，《孙子兵法》就传入日本和朝鲜，1660 年则有了日译本。18 世纪 60 年代，它传入欧洲，于 1772 年被法国神父约瑟夫阿米欧译成法文在巴黎出版，此后，英文、德文、俄文、捷克文、朝鲜文、希伯来文等多种文字的《孙子兵法》在世界各地广为流传，受到高度评价；1990 年 8 月海湾战争爆发后，《洛杉矶时报》的记者采访美国总统时，发现布什桌上摆着两本书：一本是《凯撒传》，另一本则是《孙子兵法》。

《孙子兵法》是智慧的结晶，其哲学意蕴早已超越了军事的范畴，而渗透到社会生活的各个方面。其不拘一格的智慧给后人提供了思考的空间，那些一反常态的思维方法，对于打破陈规、破除呆滞的思维定势有着极为重要的意义。

本书基于对《孙子兵法》的解读和研究，全面参悟及感受其中所蕴含的管理哲学和思维智慧的基础上，结合当下互联网经济的发展，超越时空和学科的界限，透过用兵之法，以独特的、全新的视角对互联网和互联网思维进行分析和梳理，进而使每一位读者从不同的角度，找到立身处世的准则。帮助读者开启智慧的大门，把读者带到互联网思维的海洋中，使读者得到人生大智慧，悟出做人做事的高境界，大力推动事业的发展，成为互联网时代的佼佼者。

目 录

第1章 绪论

1.1 奇人奇书

《孙子兵法》作为一部旷世奇书，由春秋时期军事家孙武所著，该书的问世掀开了中国古代兵法的新纪元，在中国古代军事史上具有不可撼动的里程碑意义，处处彰显着中华民族独特的思维视角和智慧光辉，直至今日，《孙子兵法》《智慧书》和《君主论》还被世界公认为三大智慧奇书。《孙子兵法》的作者孙武的人生经历同样具有浓厚的传奇色彩。

孙武（约公元前545年—约公元前470年），字长卿，齐国乐安人，春秋时期著名的军事家、政治家，被后世尊称为“兵圣”，也通常被尊称为孙子、孙武子、百世兵家之师、东方兵学的鼻祖等。孙武从齐国至吴国，经吴国重臣伍子胥极力举荐，向吴王阖闾进呈所著兵法十三篇，吴王让其在宫中教兵，遂被重用为将。他曾率领吴国军队大败楚国军队，占领楚国都城郢城，几近覆亡楚国。其所著巨作《孙子兵法》十三篇，为后世历代兵法家所推崇，被誉为“兵学圣典”。《孙子兵法》被译为英文、法文、德文、日文等多国文字，成为国际公认的最著名的军事经典著作。关于孙子的身世众说纷纭，其主流说法有两种。第一种说法，其先祖为陈完，原是陈国公子，公元前672年，陈国发生内乱，陈完便逃到齐国避难，改称田完，田完的五世孙田书在攻打莒国时立下了战功，齐景公便把乐安封给田书，并赐姓孙氏，以表示对田书的嘉奖。❶ 第二种说法，其先祖是春秋时期卫国公子惠孙的后代。其曾祖父孙林父是卫国世卿，公元前535年，孙林父家族受卫灵公打击，孙武的祖父孙蒯携子孙书避难归齐，孙书即孙武的父亲，字子占，在齐景公朝为将军。❷ 这两种说法都有一定的历史依据，从不同的史料中推断出来，又都缺少确凿准确的证据。无论是哪种情况属实，都说明孙武是名符其实的名门世家，将门之后，孙武就出生在这样一个祖辈都精通军事的世袭贵族家庭里。本书的表述采信的是第二种身世的说法，笔者认为第二种说法的可能性更大一些。

孙武出生的当天晚上，在朝中为官的孙武的父亲都赶回家中。全家上下自主人到仆人都沉浸在无比喜悦的氛围之中。孙书望着襁褓中的儿子，真希望他快快长大，继承和发扬将门武业，报效国家，孙书决定给儿子取名为“武”。古兵书上说“武有七德”，即武力可以用来禁止强暴、消灭战争、保持强大、巩固功业、安定百姓、调和大众和丰富财物。孙书还给儿子取字为“长卿”。“卿”在当时为朝中的大官，与大夫同列。孙书官为齐国大夫，他希望儿子将来也能和他一样，在朝中为官，成为国家

❶ 陈秋祥．孙武世系论略［J］．上海大学学报，1989（4）：14．

❷ 唐朝官员孙壬林的自述家族世系碑文《唐故魏州县令孙君墓志铭》．

栋梁。

事情果真如孙书所希望的那样，随着孙武的长大，逐渐显现出对军事的特有天赋。孙武由于受到将门家庭的熏陶，自幼聪慧睿智，机敏过人，勤奋好学，善于思考，富有创见，而且特别尚武。每当孙书自朝中回到家里，孙武总缠着他，让他给讲故事。孙武特别喜欢听打仗的故事，而且百听不厌。除了听故事，孙武还有一个最大的爱好就是看书，尤其是兵书。孙家是一个祖祖辈辈都精通军事的贵族世家，家中收藏的兵书非常多。《黄帝兵书》《太公兵法》《握奇经》《易经卜兵》《军志》《军政》《军礼》《令典》《周书》《老子兵录》《尚书兵纪》《管子兵法》及上自黄帝、夏、商、周，下到春秋早、中期有关战争的许多竹简，塞满了阁楼。孙武喜欢爬上阁楼，把写满字的竹简拿下来翻看。有不明白的问题就请教老师，甚至直接找祖父、父亲问个明白。

有一次，孙武读到“国之大事，在祀与戎”，他就跑去问老师：“先生，祀是什么？戎是什么？”老师随口说：“祀是祭祀，戎是兵戎。”孙武接着问：“祭祀是种精神的寄托，怎么能和兵戎相提并论为国家的大事呢？”老师顿感惊奇，一时语塞。孙武接着说：“只有兵，才是国家的大事，君臣不可不察的大事。”孙武长到 8 岁，被送进“庠序”（政府办的正规学校）接受系统的基础知识教育。当时，“五教”“六学”是“庠序”的主修课程。“五教”是指五种伦理道德的教育，即父义、母慈、兄友、弟恭、子孝。“六学”是指六种基本科目的学习，即礼、乐、射、御、书、数。少年孙武天资聪颖，对那些艰涩繁杂的“五教”以及规定的文化基础课，看两三遍就能熟记于心。往往其他同学还在埋头苦读，他早已记熟，跑到外面玩去了。有一次，老师以为他贪玩，把他叫回去准备责罚一顿。责罚是要有理由的，老师就把刚刚学过的课程向他提问，孙武对答如流。老师找不出责罚的理由，只好作罢。久而久之，老师认为这孩子有不同常人的天赋，将来必成大器，于是更加用心教导孙武了。在所有的课程中，孙武最感兴趣的是“六学”中的“射”和“御”。在“射”“御”的第一节课上，老师先给学生讲解了“射”“御”的基本内容及学习“射”“御”的意义。“射”和“御”既是战场拼杀的基本技能，也是齐国社会竞技活动的主要项目。在齐国，每年的九月，都要举办一次全民“射”“御”逐赛，是当时国家选将取才的重要形式，也是有志之士展现自我，步入仕途的绝佳良机。

齐国自古就有“尚武”之风。由于受尚武精神的影响，齐国从国君到士兵，莫不以勇武为荣。“射”和“御”，是齐人首要练习的武技，主要用于长距离的攻击，是军事活动的重要手段。齐人向来以“射”术和“御”术的高低为荣辱，这已成为一种社会风尚。要想出仕入相，为国家重用，首先必须练好这两门科目。在接下来的学习和训练中，孙武对“射”和“御”倍加努力。孙武刻苦练习，甚至到了废寝忘食的地步。功夫不负有心人，孙武在同辈贵族少年中很快成了掌握这两项技能的佼佼者。孙武没有满足，没有就此止步，依旧是冬练三九，夏练三伏。此时，孙武心中有一个朦胧的理想，那就是长大后要像他的父亲孙书、师祖田穰苴一样，成为一名驰骋疆场的大将军。

孙武到了吴国，被伍子胥引荐给吴王阖闾，通过在宫廷教兵，取得了吴王的赏识。在伍子胥、孙武的治理下，吴国的内政和军事都大有起色。吴王极为倚重二人，把他们两人视为左膀右臂。

孙武与伍子胥共同辅佐阖闾经国治军，制定了以破楚为首要任务，然后南服越国，最后进图中原的争霸方略。公元前 512 年（吴王阖闾三年），吴军攻克了楚国的属国钟吾国（今江苏宿迁东北）、舒国（今安徽庐江县西南），吴王准备攻楚，孙武认为“民劳，未可。”请再等待。伍子胥提出“疲楚”的战略，建议把部队分为三军，每次用一军去袭击楚国的边境，“彼出则归，彼归则出”，用这种“亟肆以疲之，多方以误之”的战法来疲惫楚军，消耗楚的实力。吴王阖闾采纳了这个意见，反复袭扰楚国达六年之久，使楚军疲于奔命，为大举攻楚创造了条件。孙武和伍子胥还根据楚国与唐、蔡两国交恶，楚国令尹子常生性贪婪，因索贿得不到满足而拘留蔡、唐国君，蔡、唐两国对楚极其怨恨的情况，采取联合唐、蔡以袭楚之计。蔡、唐虽是小国，但居于楚的侧背，这就为吴军避开楚军正面，从其侧背作深远战略迂回提供了有利条件。公元前 506 年，吴国攻楚的条件已经成熟，孙武与伍子胥佐阖闾大举攻楚，直捣郢都（今湖北江陵东北）。孙武等人协助阖闾制订了一条出乎楚国意料的进军路线，即从淮河逆流西上，然后在淮汭（今河南潢川西北）舍舟登陆，再趁楚军北部边境守备薄弱的空隙，从著名的义阳三关，即武阳关、九里关、平靖关，直插汉水。吴军按照这一进军路线，顺利地达到汉水，进抵楚国腹地。楚军沿汉水组织防御，同吴军隔水对阵。由于楚军主帅令尹子常擅自改变预定的夹击吴军的作战计划，为了争功，单独率军渡过汉水进攻吴军，结果在柏举（今湖北汉川北）战败。吴军乘胜追击，5 战 5 胜，占领了楚的国都郢城，几乎灭亡楚国。

吴国从此强盛起来，开始了讨伐越国的战争。在一次与越国的战争中，阖闾受伤后不久病死，由太子夫差继承王位，孙武和伍子胥整顿军备，以辅佐夫差完成报仇雪耻大业。公元前 494 年春天，越王勾践调集军队从水上向吴国进发，夫差率 10 万精兵迎战于夫椒（今江苏无锡马山）。在孙武、伍子胥的策划下，吴军在夜间布置了许多诈兵，分为两翼，高举火把，在黑暗的夜幕中吴军乘势总攻，大败越军，勾践在吴军的追击下带着 5000 名残兵败将跑到会稽山（今浙江绍兴市东南）上的一个小城中凭险抵抗，由于吴军团团包围，勾践只得向吴屈辱求和，夫差不听伍子胥劝阻，同意了勾践的求和要求。

吴国的争霸活动在南方地区取得胜利后，便向北方中原地区进逼，公元前485年，夫差联合鲁国，大败齐军。公元前482年，夫差又率领着数万精兵，由水路北上，到达黄池（今河南封丘县南），与晋、鲁等诸国君会盟。吴王夫差在这次会盟大会上，以强大的军事力量为后盾，争得霸主的地位。

随着吴国霸业的蒸蒸日上，夫差渐渐自以为是，不再像以前那样励精图治，对孙武、伍子胥这些功臣不再重视，反而重用奸臣伯嚭。越王勾践为了消沉吴王斗志、迷惑夫差，达到灭吴目的，一方面自己亲自侍奉吴王，卧薪尝胆；另一方面选美女西施、郑旦入吴。西施入吴后，夫差大兴土木，建筑姑苏台，日日饮酒，夜夜笙歌，沉醉于酒色之中。孙武、伍子胥认为：勾践被迫求和，一定是以退为进寻机复仇，故必须彻底灭掉越国，绝不能姑息养奸，留下后患。但夫差听了奸臣的挑拨，不理睬孙武、伍子胥的苦谏。由于伍子胥一再进谏，夫差大怒，遂制造借口，逼其自尽，甚至命人将伍子胥的尸体装在一只皮袋里，扔到江中，不给安葬。伍子胥的死，给了孙武沉重的打击。他感到心灰意冷，意识到吴国已经不可救药，因为孙武深知“飞鸟尽，良弓藏；狡兔死，走狗烹”的道理，于是便悄然归隐，息影深山，根据自己训练军队、指挥作战的经验，修订其兵法13篇，使其更臻完善。

孙子曰：兵者，国之大事，死生之地，存亡之道，不可不察也。

“战争是政治的延续。”“政治是经济的集中表现。”兵，狭义说就是战争，广义包含政治军事等。我们可以把它分为战术、战役、战略三大层次。毛主席说：“战术上重视敌人，战略上藐视敌人。”战术上的胜利，也许能扭转一时的局势，但是，战略上的失误，往往导致身死国灭的惨剧。孙子曰：“昔之善战者，先为不可胜，以待敌之可胜。不可胜在己，可胜在敌。故善战者，能为不可胜，不能使敌之必可胜。故曰：胜可知，而不可为。不可胜者，守也；可胜者，攻也。守则不足，攻则有余。”孔子曰：“过犹不及。”曾子曰：“夫子之道，忠恕而已矣。”讲的就是这个道理。无论一个国家，一只军队，小至一个公司、家庭，不能脱离自己的实际，盲目地追求过高的目标，往往导致失败。

《孙子兵法》是中国古代军事文化遗产中的璀璨瑰宝，是优秀传统文化的重要组成部分，彰显中华民族东方智慧，其内容博大精深，共十三篇，6075个字。李世民曾说：“观诸兵书，无出孙武。”《孙子兵法》是谋略，谋略不是小花招，而是大战略、大智慧，更重要的是一种思维方式、一种思维智慧，这种思维智慧在当今的互联网和人工智能时代依然熠熠生辉。

1.2 孙子兵法的思维智慧

当前，世界经济呈现出合作与共享的重要特点，但这种合作与共享并不代表竞争的终止，而是竞争的形态和竞争方式发生变化而已。世界上国与国之间经济的竞争，其实质是一场不宣而战的特殊的“经济战”。“经济战”的成败直接关系着一个国家的国际地位和经济安全。而“经济战”中的一个至关重要的问题就是如何提高企业的经营管理水平，如何更新管理者的现代管理观念，更重要的是树立正确的，与时俱进的思维方式，具备适应新时代发展的思维智慧。这就需要我们不断增强文化自信，学习和借鉴中国古代兵法在对抗谋略上的宝贵经验、精辟见解和成熟思想，尤其是《孙子兵法》作为一部兵学巨著，始终贯穿着东方哲学的思维智慧，以至于很多资本主义国家的企业家都对它情有独钟，悉心研究。这种思维智慧不仅可以为现代军事、政治和外交等提供重要的参考，也是互联网时代提高企业竞争能力的思想来源。认真研究和利用其中的智慧和谋略是提高现代管理水平，增强竞争力的捷径。

1.2.1 孙子兵法与现代管理理念

知己知彼，制胜如神。当今社会，各种信息源五花八门，各种信息流犹如浩瀚繁星。“知彼知己，胜乃不殆；知天知地，胜乃可全”，这是孙子兵法的基本原则。用兵作战首先需要了解足够的敌情、我情，互联网时代商业经营者同样需要时时把握市场信息，了解企业竞争态势，解决“知”的难题，只有知道自己的优势才能扬长避短，只有知道对手，才能采取具有针对性的有效竞争措施，只有知道市场的需求，才能开发出适销对路的产品，只有知道新时代人们的诉求，才能在管理工作中做到得心应手。尤其是现在已进入数字经济时代，各种信息浩如云海，如何在海量的信息中获得有价值的信息，显得更为重要。《孙子兵法》通篇中使用频率最高的字眼就是“知”字，在孙子看来，“不尽知用兵之害者，则不能尽知用兵之利也”。在用兵上，只有对敌情和我情做到“尽知”“先知”，才能形成正确的决策、合理的对策。在“知”上，孙子始终将“知彼”摆在首位，对有关敌情的获取，他给出了“相敌”“用间”和“试探”等方法，其中既有见微知著、理性演绎的被动观察法，也有主动侦察以及派驻间谍的主动获取法；同时，孙子还非常强调要对己方的战争实力和战略态势进行科学的评判，但做到这一点还远远不够，只能做到保证胜利而已，要达成“胜乃可全”，还应“知天知地”。商战中，企业要做到“知”，就应该对社会风云变化的发展趋势具有敏锐的嗅觉，对竞争对手进行有效的信息监控和分析处理，从而随时把握企业所处的环境和所面临的问题，为寻找应对策略提供依据。同时，要强化对企业自身的认识，深入了解企业的核心竞争力和自身的短板，寻求自身经营战略和管理效能的改进。

出其不意，以奇制胜。《孙子兵法》云："凡战者，以正合，以奇胜。故善出奇者，无穷如天地，不竭如江河。"意思是说，作战总是以一般战术正面抵挡，以特殊战术夺取胜利。孙子又说："战势不过奇正，奇正之变，不可胜穷也。奇正相生，如循环之无端，孰能穷之哉。"意思是说战术的基本形态不过是一般与特殊两种，而把它们加以组合变化，就能形成无穷无尽的战术。在现代管中也要做到守正出奇，以奇制胜。这里的"奇"一指速度与效率，二指策略与战术。[1] 速度在现代管理中显得极为重要，正所谓"时间是金钱，效率就是生命"，具体到企业的管理中就是不断提高工作和生产的节奏，促进技术进步，深化企业内部改革，不断挖潜增效，内外驱动促使企业转型升级，使产品与市场同步更新换代，提高企业的管理水平和产品的竞争力。策略是管理者做到以奇制胜的关键，一个好的策略就能像韩信暗度陈仓、毛泽东四渡赤水一样让人捉摸不定，出其不意。如美国前总统艾森豪威尔 67 岁生日时，法国人为了给其祝寿，准备将窖藏 67 年的法国白兰地运往美国送给艾森豪威尔作为礼物，这个事件引起了美国民众的极大兴趣，人们想一睹珍藏 67 年白兰地的芳容，礼物运抵之日，民众纷纷前往观看，白兰地也因此在美国具有了较高的影响力，法国酿酒公司借此机会成功将白兰地推向美国市场。这说明，出奇制胜能够更容易取得制胜的先机。

机动权变，因敌制胜。孙子曰："水因地而制流，兵因敌而制胜。故兵无常势，水无常形，能因敌变化而取胜者，谓之神。"在新技术日新月异，新产品百花竞放，市场竞争加剧的今天，企业经营要取胜，就必须根据市场的变化，经常开发新产品，降低产品成本，不断创新产品营销模式，不断适应飞速发展的经济形

---

[1] 洪兵．孙子兵法与经理人统帅之道［M］．北京：中国社会科学出版社，2005.1（2015.11 重印）．

势。因此，对于一个国家而言，既要注意国情，又要注意国际环境，因势利导，才能夺取全面的胜利。对于一个企业而言，应及时适应市场的变化，调节本企业微观经济的运行，机动权变，方有可能取得竞争的胜利。

恩威并重、宽严相济。孙子在《孙子兵法·行军篇》中提出“令之以文，齐之以武”的治军方法，我们可以把“文”理解为“仁爱文化”，把“武”，理解为“管理制度”。对于现代企业管理来说，要提高管理效果，既要坚持以德服人，以情感人，讲以人为本的柔性化管理，注重企业文化的培育，不断提高企业管理的软实力。又要辅之以规章制度和行动法则来统一行动，是讲法度，讲纪律，注重规章制度的刚性管理，不断提升企业管理的硬实力。《孙子兵法》中“文武”相济管理方法的独到之处具体体现在把感情注入管理之中。孙子所提倡的感情注入，是把管理建立在上下级相互爱戴、信赖的基础上，建立在关系融洽的基础上。一方面，孙子强调“视卒如婴儿，故可以与之赴深溪；视卒如爱子，故可与之俱死”。对待士兵就像对待“婴儿”“爱子”一样，上下一致，安危与共，同生死共患难。这种仁爱士卒的情感投入是古今中外治军的一条成功经验。在现代企业管理中，要求管理者也要“视员工如爱子、如婴儿”，尊重员工，关爱员工，关注员工的情感需求和全方面发展。另一方面又告诫人们“譬若娇子，不可用也”。指出爱要有节制有限度，切不可无原则溺爱，骄纵部属，放纵管教，这样会丧失战斗力。

综上所述，《孙子兵法》作为我国军事战略和管理的重要典籍。其中蕴含了极为丰富的管理理念和策略，其对现代企业的经营管理具有非常重大的指导借鉴意义。管理者只有具备综合全面的过硬素质，才能带领团队克敌制胜。孙子在谋攻篇中曰：“夫将者，国之辅也，辅周则国必强，辅隙则国必弱。”在作战篇中进一步指出：“故知兵之将，生民之司命，国家安危之主也。”由此可见，对于一个国家和一支部队来说，将帅的选择直接关系着战争的胜负，关系着国家的存亡、民族的命运。在企业里，将帅就是职业经理人及各个部门的管理者。企业将帅素质的高低直接关系着企业经营的成败，关系着企业的生命力，股东的利益和员工的生计。这要求企业的将帅必须具备一定的素质。《孙子兵法·始计篇》中指出："将者，智、信、仁、勇、严也。"即，智慧才干、赏罚有信、爱抚士卒、勇敢果断、军纪严明，这五个方面是一个优秀将领最基本的素质。现代企业中的经营管理者同样必须具备这样的素质。中国古代就有"千军易得，一将难求"的说法。大量事实证明，许多重大危机和险情，都是由于优秀将领处置得当，成功化解危机才反败为胜。一个优秀的企业管理团队，也必须具备以下的特点，即较高的智慧，诚实守信，关爱下属，勇于拼搏，积极进取，持续的创新能力，系统的思考能力，自我超越的理念，明确趋同的价值观，不断学习、勇于创新的动力。

1.2.2 孙子兵法所蕴含的思维智慧

《孙子兵法》不仅是战场上制胜的法宝，也能够为经济竞争、市场商战和企业经营管理提供强有力的思想支持和智慧启迪，同时会带来思维方式的变革。当然《孙子兵法》所讲的基点是"你死我活"的战场，而经济竞争的基点是市场，虽然两者在竞争的激烈程度和竞争方式上存在差异，但其中所蕴含的思维方式却具有异曲同工之妙，积极发掘和应用其在商战和企业经营管理中的方法，将极大地提高企业的国际化经营和竞争的能力，《孙子兵法》几乎包罗了用兵打仗一切需要考虑的问题和可能发生的情况，并给出了对应的解决方案。其实所有的变化和应对，涉及的都是最基本的思考逻辑，这种思维方式，才是《孙子兵法》真正的精髓所在。

管理者的思维决定思路，思路决定出路，出路决定结局。由此可见，作为一名管理者来说，具有科学正确的思维方式是极其重要的。一个具有广阔胸怀并善于思考的管理者，必定能够在《孙子兵法》的学习中，做到活学活用，掌握其关键的思维方式，从中获取管理和组织方面的启示。

第一，具备战略思维和决策能力，并勇于承担决策责任。官渡之战前，田丰劝谏说宜守不宜战。袁绍说："乱我军心，把你下狱，得胜回来再处置你！"袁绍战败。消息传来，狱吏向田丰说："这回您没事了。"田丰说："你不了解主公，他若得胜，一高兴，就不跟我计较了。他如果战败，必羞于见我，杀我便是不再面对我的办法。"袁绍果然诬陷田丰"幸灾乐祸"，并杀了他。从这个事例不难看出，无论是战略决策的水平，还是承担决策后果的勇气，以及用人容人的胆识和肚量，都注定了袁绍在官渡之战中惨败的结局。

曾国藩就领导者要独立承担决策责任的问题进行过专门的论述。他举了三个案例，这三个案例都围绕着解决一个问题：削藩。汉朝晁错建议削藩，结果六国叛乱，要"诛晁错，清君侧"，景帝慌忙把晁错杀了，吴王照样反，但最后汉景帝胜利了，削藩成功。明朝齐泰、黄子澄建议建文帝削藩，燕王反，也是要求诛杀齐、黄，建文帝也是把齐、黄二人杀了。燕王当然也不会收兵，最后燕王造反成功，建文帝削藩失败。清朝米思翰建议康熙帝削藩，吴三桂反，康熙帝没有诛杀米思翰，最后平定了吴三桂，削藩成功。这三件历史事件的背景、形势，都差不多，在处理过程中领导者采取的策略各异，结果也不同。

由此可见，领导者处理重大事件时，一定要具备高超的战略思维能力，而且要坚持一切从实际出发，经过深思熟虑，谨慎做出判断，不能拘于往事成败，更不能迁就一时之利害，更不可归罪于出谋划策的谋臣和下属，这样才能取得良好的效果。谋事在人，成事在天，任何事情都不可能百分之百成功，过去成功的案例和经验既可予以借鉴，但不能机械地照搬照做。作为一名优秀的管理者，不论属下所出的主意，自己是否采纳，都要自己勇于承担决策责任。事情失败了，责怪出谋划策者，那是“庸人之恒情也”。因此，作为一名出色的领导者，具有果断的战略决策能力，并且勇于承担决策责任是不可缺少的基本素质。❶

第二，具备整体思维的能力，要关注做事，更要关注用人。孙子的为将之道是“智信仁勇严”，曾国藩增加了“廉明”二字。他说，士兵对将领是否足智多谋、能征善战没法要求。但是人人都盯着自己的利益，对将官在银钱上是否干净，对下属保举提拔是否公平，就十分在意。你不贪钱，他就服你。所以“廉”就是账目公开透明。清廉服众，腐败的军队打不了仗。自己清正廉明，但对下属的赏赐又常常放宽，让大家时常得点好处，使得人人都服你，愿意跟随你。“明”，就是要把下属的表现一一看明，时常做到心中有数。临阵之际，是谁冲锋陷阵，是谁随后助势，是谁拼死阻击，又是谁见危先避。在平时，每个人办事尽职的细节都要进行逐一考核。这样奖惩就能及时准确恰当。

作为一名优秀的将领，最重要不是计谋高超，指挥若定，也不是身先士卒，而是清正廉明和分配公平，谁有什么功劳都清楚，都能准确衡量赏罚，则个个放心，人人奋勇。项羽是冲锋陷阵、身先士卒，刘邦只管论功行赏、论过处罚。作为领导者来说，站在后面把每个人的功劳过错看得分明，并赏罚准确，比身先士卒，要重要得多。

因此作为一名管理者，不仅要关注事情的成败，更要关注做事过程中每个人的表现与贡献。要对在办事的过程中，清楚知道每个人所发挥的作用，并及时做出奖惩，并且做到赏不逾时，这样才能调动所有人的积极性，具有强大的战斗力和凝聚力，带出

---

❶ 任俊华.《孙子兵法》中的战略思维［J］. 中国领导科学，2019（1）：26

一支战无不胜的优秀团队，使事情越办越好。

第三，具备辩证思维的能力，在动态变化中赢得成功。对立统一的辩证思想贯穿于《孙子兵法》的始终，具体表现为：敌与我、众与寡、攻与守、进与退、强与弱、利与害、奇与正、迂与直、虚与实、诈与信、分与合、胜与败等，所有这种对立关系和态势都不是一成不变的，而是在动态中互相转化，具体向哪个方向转化，就要看管理者的水平和能力。

在《孙子兵法》的通篇中都贯穿着辩证的思维，所谓的强与弱、利与害、分与合等是矛盾的统一体，并且在一定的条件下互相转化，兵无常势，水无常形说的就是这个道理。著名的毛泽东十大军事原则之一“集中优势兵力，打歼灭战”的战略战术与孙子的军事思想有异曲同工之妙。战争中，没有绝对的强也没有绝对的弱，《孙子兵法·兵势篇》曰：“乱生于治，怯生于勇，弱生于强。”强与弱，乱与治，都颇具迷惑性，而且会相互转化。在现代商战中，许多貌似强大无比的企业实际上不堪一击。纵观今日之商海，没有一个企业强大到不能被挑战，也没有哪一个企业弱小到不能够去参与竞争，只要是同台竞技，就有机会赢得竞争。20 世纪 90 年代，强大的“诺基亚”品牌对比弱小的“苹果”品牌，就好比航空母舰对比小渔船，时至今日，因为手机革命，芬兰总统指出“苹果”给芬兰的国民经济造成了“重创”。强与弱绝非永恒，对于相对弱小的企业赢得竞争的关键在于找准定位，以其所“小强”攻击强大对手之“大弱”的软肋，抓住其薄弱环节，猛烈地攻击。对于众多的民营企业来说，是做一个强壮而精致的小公司，还是要做一个规模庞大但混乱的大公司，必须做出选择和定位。

“故兵以诈立，以利动，以分合为变者也”。“兵以诈立”为原则，“分合为变”是手段，原则为纲，手段是目，纲举目张。总的指导思想是“合于利则合，分于利则分”，灵活机变，不墨守成规。

毛泽东领兵打仗讲究“分兵以发动群众，集中以打击敌人”，也是对孙子兵法“分合之道”的灵活运用。“分合之道”在企业经营中举足轻重。20 世纪 80 年代中期，地处西南成都市的希望集团公司刘氏四兄弟抱团创业成功的事迹，被人们传为佳话。但随着企业规模的扩大，四兄弟的经营思路产生了差异，矛盾逐渐显现，这时，再继续合在一起工作对公司、对个人都不利，于是，四兄弟经过深入讨论、痛定思痛，决定分“家”，各负责一摊，独立管理，但企业经营上互相照应、互相支持，结果四兄弟的公司都得到了蓬勃发展。纵观互联网产业的发展历程，经营模式不断变化，无不体现出分合之道。

《孙子兵法·军争篇》曰：“军争之难者，以迂为直，以患为利。”意思是：军事争斗的困难之处在于，把迂回的道路变成通达的道路，把有害的方面变为有利的方面。孙子的迂直战略，空间上是指路线的迂直，时间上是指“后人发、先人至”的竞争智慧。迂直战略的隐含之意是指，一切战术的实施都是手段，实现战略意图才是目标，争利比争胜更重要。《孙子兵法·作战篇》曰：“故兵贵胜，不贵久。”实际上，“速与久”都是时间方面的手段，而为了实现战略意图，有时迂和远的“久”胜过快和捷的“速”。毛泽东的不朽名篇《论持久战》将“迂直”“久速”分析得清清楚楚、明明白白。1947 年面对胡宗南兵临延安城下，毛泽东果断决策暂时放弃延安，但不久就打了回来。这就是典型运用“以退为进、以迂为直”辩证思维决策的典型案例。

联想公司创建之初，由于当时的内地办厂条件限制较多，不得不采取迂回的战略在香港地区开办工厂生产 PC 机，几年后内地政策调整，联想才把生产线移回内地进行大规模生产经营。联想早期的成功秘诀正是适时地采用孙子兵法的“迂直”战略。

第四，具备求知思维的能力，多方位多角度了解情况，以达到全胜的目的。《孙子兵法》从多角度多层次强调“知”的重要性，前后呼应形成了一个系统完整的知胜思想。“知胜思想”表现为全面系统的战争认识观，把握各种现实情况即只有全面掌握战争规律，才能争取胜利。这一思想以知彼知己为核心，以“知利知害、知天知地、知常知变、全知先知”为内涵，是孙子军事哲学思想的根基。“知胜思想”在本质上是把一切活动建立在对客观事物全面认识的基础上，《孙子兵法·谋攻篇》曰：“知彼知己者，百战不殆；不知彼而知己，一胜一负；不知彼，不知己，每战必殆。”意思是熟悉对方和了解自己，就可以百战百胜；不了解敌人但了解自己，可能胜利，也可能失败；不熟悉对方，不了解自己，就会每战必败。知彼知己是战争制胜的基本法则，是孙子战争认识体系的核心。

动态把握一切变化的事物，充分体现了唯物主义的认识论观点。知而能谋，谋定而后动。知是谋略的前提，是制胜的基础，也是一切活动的动因和科学决策的根本依据。发掘并借鉴孙子的知胜思想，对提高领导者的理论思维水平和增强认识事物、分析事物的能力具有重要的影响和深远的意义。

美国哈佛商学院教授迈克尔·波特在《竞争战略分析产业和竞争者的技巧》一书中指出：“制定战略的中心任务是了解分析竞争对手。”他看到，在现实竞争领域中，多数管理者在列举竞争对手优势劣势的同时并未能真正深入地分析自己的竞争对手，以至于这样的分析将无助于竞争取胜。对于现代领导者而言，知彼要尽量避免单一性和简单化，多渠道、多层次、全方位地获取信息情报。其中，竞争对手的目标分析与行为分析极为关键，只有深入竞争对手的思想、心理、思维和价值观、行为取向等方面，才能从真正意义上把握竞争对手的行动模式，进而在进一步的竞争中取得主动地位。

知己是主观的自我认知活动，是决策者明察和自省的过程。

知己包括知己方之人，也包括认识自己。现代领导学也证明，人是领导者工作的最主要认识对象。知人不易，自知尤难。故孙子推崇的善战者总是能做到“先为不可胜”“不可胜者在己”（《孙子兵法·军形篇》）。老子也说，“知人者智，自知者明。胜人者有力，自胜者强”。知人而不自知并非尽知，自知而不知人难以称强。领导者的知人尤其是自知在很大程度上决定着领导工作的成败。古往今来，众多领导者因不能自知，陷入“自是”“自见”“自矜”而导致失败的例子比比皆是。对于现代领导者而言，要有知彼之智，更要有自知之明。要借知彼以自省，发现自身的缺点和局限，克服认识的孤立性和局限性，不断超越自己；要善于自知，以理性和毅力控制自己，不为外部环境干扰和困惑，明确方向，这样才能立于不败之地。

第五，具备求是思维的能力，一切从实际出发做到有的放矢。孙子说，战争前有五个关乎胜败的关键点：“道、天、地、将、法”五事。“道、天、地”，是大略；“将”和“法”，则是雄才，是组织、动员、协调和实现战略目标的根本保证。

今天我们所看到的无论是政治精英，还是成功的企业家，都是雄才大略兼备。而雄才又比大略重要。因为大略可以问别人，可以请顾问，而雄才只能在自己身上。只有雄才，没有大略，也可成为大企业家。只有大略，没有雄才，在古代就做谋士幕僚，在今天只能做顾问和咨询师了。

历代开国者，都是雄才君主和大略谋士的黄金搭档，如刘备与诸葛亮，朱元璋与刘伯温，刘邦与萧何。

“法”，是管理，是管理办法。管理在现代社会成为一个专业词汇，而现代管理学，就脱胎于军队的管理。孙子说：法者，曲制、官道、主用也。曲制是指组织编制等动态架构，官道是指人力资源配置及其动态运行机制，主用是指保证组织正常运行和发挥效能的保障条件。

第六，具备创新思维的能力，与时俱进，做到以变制变。

孙子说："水因地而制流，兵因敌而胜敌。故兵无常势，水无常形。"从孙子的论述中我们可以清楚地看到，战场形势瞬息万变，就需要将领不断适应变化，主动作为，不断地创新战术战法，才能确保立于不败之地。其中所包含的创新思维智慧，不仅表现为主动适应环境的被动创新，还表现为主动求变的主动创新。

孙子强调："战胜不复，而应形于无穷。"所说的就是每一次取胜所采用的战术都不是简单的重复，要针对不同的情况灵活运用战术和策略，其中所体现的是，以多变的方法适应复杂环境的创新能力。"途有所不由，军有所不击"体现的是以"变正"的思路突破思维的惯性的创新能力，当一个组织一旦选择某一发展模式，惯性的力量会使这一模式进行自我强化，这种思维惯性给组织发展带来的危害不可小视，从表面和短期来看，这样不易出现大的问题和失误，但从事业的长远发展和大局来看，一条路走到黑，最终可能被时代所抛弃。因此，作为领导者和管理者要善于用新的思维方式研究工作中出现的新情况、新问题，不断揭示新的规律，创立新的方法和理论，而不能简单地用有限推导无限，用过去推导未来，用静态推导动态。

"以正合，以奇胜"，意思是以出奇的力量打破对峙的僵局。所谓"以奇胜"就是以非常规的谋略和奇特的战法取胜。在任何竞争领域，"奇"永远是反常的东西，正因为它反常，才会有独特的制胜效果。中国古代兵家特别强调以异相克、以奇破正或以奇破奇。以异相克是自然和社会中的普遍规律，并适合于任何战争和其他竞争领域。相对而言，从奇与正的作用和地位来看，正是多数，是常规用于接战，制造对立与相持，奇是少数，用以决胜，打破僵局和困境，奇置于正外，藏于正后，驾于正上，故意留下的一手，用以制造对立，超越对立，控制对立，解除对立，永远让对方感到意外的一种特殊力量。作为一个管理者，既要懂得如何守正地，又要懂得如何以正为中心，辐射无穷之奇，才能有效解决按常规方法无法解决的问题，打破僵局，走出困境。“施无法之赏，悬无政之令”是指以非凡的勇气颠覆现有的规则。英国首相丘吉尔说过：“一个指挥官的成功，并不在于遵循某些规则和模式。”颠覆和超越现有的规则，就必须有超出常规的行动要求，而要驾驭和实施这样的行动，则需要领导者具备敢为天下先的胆识和魄力。凡在工作中善于创新的领导者，都是不拘于常规的而又精于谋划的，善于在进退维谷之际，发挥创造性思维，从一个可能性出发，进行无规则的思维想象，最终大胆决策，突破常规，获取成功。在任何情况下，任何时期，能谋善断并勇于承担风险，开拓创新，都是一个领导者必备的重要素质。

第七，具备社会思维的能力，善用社会资源，紧盯社会需求，打造竞争优势。孙子说：“善用兵者，役不再籍，粮不三载，取用于国，因粮于敌，故军食可足也。”意思是说，善于用兵的人，不用再次征集兵员，不用多次运送军粮，武器装备由国内取用，粮食饮料在敌国补充，这样军队的粮秣供应就很充足了。从这些论述不难看出，孙子非常重视战争的社会属性，具有明显的社会性思维的特征。他认为，综合国力是决定战争胜负的关键因素，战事拖久了，就会使国力衰落，使老百姓家产内虚，十去其七。

秦攻匈奴，使天下运粮，从山东开始，三十钟才能运到一石，这么算成本不是二十倍，是二百倍！因为运粮靠人力畜力，效率低，时间长。汉武帝通西南夷，数万人运粮，也是十几钟才能运上去一石，一百倍的成本。所以孙子说的二十倍，还只是春秋时期国家之间开仗，都是平地，已开发地区。后来征匈奴，征西南夷，翻山越岭，运到不毛之地，运粮成本就更高了。

成吉思汗征战四方，在粮草上的低成本也是关键。游牧民族，在草原上赶着牛羊走，每天有羊奶牛奶，牛羊肉供应，牛羊一边走一边生小牛小羊，所以他的部队出发时不需要后方运输。到了前线，打下城池，就吃敌人的，这是他能征服四方的关键因素。

作为一个优秀的管理者，尤其是当今互联网时代的管理者，必须具备社会性思维能力，善于整合利用社会资源，就地取材，降低经营成本，提高企业和产品的竞争力。

孙子在论述“知胜五道”时，把“上下同欲者胜”放在其中。这里所说的“上下同欲”是指理念的认同、战略的认同和具体举措的认同，“上下齐心，其利断金”说的就是这个道理。“上下同欲者胜”的道理大多数人可能都知道。但用王阳明“知行合一”的观点来说，没做到就不是真知道，从这个标准上来说，知道的人就变成少数了。

“上下同欲者胜”，人们自然都是要求别人与自己的欲相同，特别对于处于领导和管理位置上的人来说，总是习惯于让下属或被管理者与自己的欲相同，很少有人理解是自己要与他人的欲一致，要跟从他人的欲。《左传》说：“以欲从人则可，以人从欲鲜济。”这句话就明确地告诉我们：就是让自己的心愿跟随大家的心愿，那样行事就可以成功；如果让大家的心愿跟着你个人的心愿走，则很少能够成功。

对于现代社会而言，上下同欲可以理解为共享共赢的理念。对合作伙伴来说，始终站在对方的立场，业务就稳定了；员工要始终站在管理者的立场思考处理任何问题，进步就快了。对于管理者来说，要有员工的思维，凡事站到员工的立场去看一看，服务员工，关注员工，就会得到员工的拥护。对于企业来说，要始终站在消费者的立场，不要总想利用信息不对称赢利，而是实实在在为消费者建立起其他企业做不到的产品和服务体系，就能成就百年品牌。对于互联网时代的电商企业更要站在消费者的立场上思考问题，关注消费者的需求和消费体验，真正把消费者奉为“上帝”。

当出现“君臣异利，上下不同欲”时，就要建立公开透明的激励机制，上下级之间或管理者与被管理者之间，不能只用感情、报恩、爱戴之类的要求进行道德绑架，更要加强体制机制的顶层设计，以保证每个人都忠于自己的角色责任，忠于职守。在机制设计上假设每个人都是坏人，让坏人为了自己利益也只能做好事。而在道德品质上提倡每个人都做好人，让好人好上加好再加分。这就能达到“上下同欲者胜”了。

1.3 互联网思维的时代元素

科学技术的飞速发展把人类带入网络信息时代，互联网对人类社会的影响是全方位、全时空的，甚至可以说是颠覆性的，它不仅表现于人们对信息的获取、传递与处理，更表现为构建在新型信息技术之上的新型产业形态、社会经济、社会思维方式、人际交往方式、生活方式、人际交往方式和新型文化形态，把人类曾经的梦想和神话变成了现实，人工智能、大数据和物联网等新兴产业技术日新月异，昭示着人类社会已进入了互联网时代，互联网时代延续了后工业时代的发展趋势，但与后工业时代的经济模式与文化心理又有本质性的区别，其根本区别在于个性化需求取代共性需求，多样化取代标准化，供给方规模经济让位于需求方规模经济，因此，互联网时代具有鲜明的时代特征，注入了丰富的时代元素。从产业形态上来看，互联网的出现催生了网络新媒体、电子商务、网络娱乐、远程教育、网络医疗、互联网金融、互联网农业、物联网等重大新兴产业，这些新兴产业不仅表现在交易渠道的变化，也体现为交易方式、交易结构和权力契约的综合革新。在人际交往中，网络社交解决了人们相互交流的实时问题，更便于交流、沟通与碰撞，较容易获得自己的发言权，从而形成自媒体，提升了个人在人际交往中的民主、平等的权力格局。互联网对社会经济所涉及的各个行业领域进行了全面革新与颠覆，成功塑造了互联网经济，线上与线下相互补充，相互依存，产品服务及时快速，消费者的满意度得到大幅度提升，产品服务的快速迭代使用户的选择权、主动权与参与权大大提高。互联网的发展对人们生活方式的改变更是显而易见的，人们通过网络可以完成大量的工作、进行娱乐与消费，互联网已成为人们工作、生活的重要组成部分，是与现实生活紧密联系又相对平行的虚拟生活空间。

互联网正在影响和改变着社会思维方式和人们的理念，分享、协作、民主、自由、平等理念大行其道，这种理念对传统的思维造成了强烈的冲击，在这种思维模式下的个体更加自信、开放、包容，更加注重自我表达，也更加关注自己的个性需求与应有权利。互联网时代文化的传播方式下沉，正在迎合和引导小众文化与个性文化，小众文化和个性文化的繁荣势必倒逼大众文化与通俗文化的重构。互联网时代造就了互联网思维，互联网思维又直接影响和决定了互联网时代发展走向。[1]

第一，互联网思维是相对工业化思维而言的。一种技术从工具属性、从应用层面到社会生活，往往需要经历很长的过程。珍妮纺纱机从一项新技术到改变纺织行业，再到后来被定义为工业革命的肇始，影响东、西方经济格局，其跨度至少需要几十年。互联网也同样。但因为这种影响是滞后的，所以，我们就难免会处于身份的矛盾之中：旧制度和新时代在我们身上会形成观念的错位。越是以前成功的企业，转型越是艰难，这就是克莱顿·克

[1] 熊友君．移动互联网思维：商业创新与重构［M］．北京：机械工业出版社，2015．

里斯坦森讲到的“创新者的窘境”——一个技术领先的企业在面临突破性技术时，会因为对原有生态系统的过度适应而面临失败。现在很多传统行业，面临的就是这种状况。这种状况可以叫作“工业人”向“数字人”转变的困境。

第二，互联网思维是一种商业民主化的思维。工业化时代的标准思维模式是：大规模生产、大规模销售和大规模传播，总之一句话就是向规模要效益。但是互联网时代，这三个基础被解构了。工业化时代稀缺的是资源和产品，资源和生产能力被当作企业的竞争力，现在不是了。产品更多是以信息的方式呈现的，渠道垄断很难实现。最重要的一点，媒介垄断被打破了，消费者同时成为媒介信息和内容的生产者和传播者，生产者再希望通过买通媒体单向度、广播式制造热门商品诱导消费行为的模式不成立了。这三个基础被解构以后，生产者和消费者的权力发生了转变，消费者主权形成。消费者真正成为了市场主体，消费者的知情权、选择权、消费权和评判权空前提高，消费者成为市场的主宰。

第三，互联网思维是一种用户至上的思维。工业化时代的企业也会讲用户至上、产品为王，但这种口号要么是自我标榜，要么真的是出于企业主的道德自律。但是进入数字时代，是消费者主权的时代，用户至上是你不得不落实的行为，你得真心讨好用户。[1]“见面就是亲，有心就有爱”是真实的情绪，因为好评变成了有价值的资产。消费者的消费民主权得到空前提高，商家不得不千方百计讨好顾客，注重客户的意见反馈及售后服务，并且十分关切客户体验，实现了从做产品到做服务，从做产品质量到做客户体验的根本转变。在互联网思维下，产品和服务变成了一个

[1] 项建华，蔡华，柳荣军．互联网思维到底是什么［M］．北京：电子工业出版社，2015.

有机的生命体。在功能都能被满足的情况下，消费者的需求是分散的、个性化的，购买行为的背后除了对功能的追求之外，产品变成了他们展示品味的方式。这样，消费者的需求就不像单纯的功能需求那样简单和直接，所以，对消费者需求的把握就是一个测试的过程，要求你的产品是一个精益和迭代的过程，根据需求反馈成长。小米手机正是通过每周迭代一次的产品开发策略，保持了稳定高速增长的良好发展势头。微信之所以能成为最受国人喜爱、使用率最高的软件之一，就因为它始终把用户的体验放在第一位，十分重视产品的精益和迭代过程，仅产品开发的第一年，产品迭代改进就达 44 次。这种研发理念确保了产品的性能与用户的需求时刻保持一致，产品也就保持了旺盛的生命力。[1]

第四，互联网思维是更加关注人性的思维。互联网时代人们的消费不仅追求产品质量和服务，更加注重精神层面的需求，追求个性化的需求，追求个人的品位，因为需求和品味相关联，也就是和人性相关联，所以，互联网思维下的产品既要具有极致性能，又要能够满足消费者强大的情感诉求。并且这两样东西都是会自动传播的。如果和互联网相关的企业，还在开新闻发布会，还把高投入的硬广告当成营销的致胜法宝，都是互联网思维不充分的体现。在互联网时代人人都有影响力，谁都可以做出版人或者是意见领袖。过去我们所有人基本上都没有什么发言机会，就只有被发言权或者是聆听、接受和服从。互联网的出现，这个状态被彻底改变了。今天，我们可以非常容易的发表观点，跟其他人在社会化媒体上讨论、点评。这些，代表了每个人都有一定的影响力，粉丝多的人就被定位为意见领袖。而且，很多人都从寂寂无名，到把自己塑造成为名人。在今天的社会化营销时代，影响力在中国尤其重要。这是因为我们自古就习惯了尊敬和服从父

[1] 赵大伟．互联网轴维独孤九剑［M］．北京：机械工业出版社，2016.

母师长，我们习惯了仰视。所以拥有很多粉丝的大号，就有高高在上的感觉，说一句话就引来千万的反应。对品牌而言，必须要有效地利用这些网络上的意见领袖，营销“舆论”，增加品牌的曝光度和美誉度。

第五，互联网思维是与时俱进的颠覆性思维。互联网时代，专家学者对互联网思维从理论和实践上进行了总结和提炼，形成了用户至上、体验为王、免费的商业模式、颠覆式创新等有代表性的核心观点，总结出了用户思维、简约思维、极致思维、迭代思维、流量思维、社会化思维、大数据思维、平台思维、跨界思维等互联网思维模式。互联网思维是所有行业都要深思和深刻领悟的时代议题。

互联网思维强调开放、协作、分享、创新。但更典型的特征是与时俱进的颠覆性。作为互联网企业来说对外开放、协作和共享，对内组织结构讲究小而美。大而全、等级分明的企业很难贯彻互联网思维，不管是对用户还是对员工，有没有爱，也是一个重要的评判标准。如果互联网企业也还在用工业化的套路做着自己的企业。作为互联网时代的管理者，如果在观念上不进行改变，不能够与时代同步，不能实现自突破和自我颠覆，就不可能带领企业快速提升创新能力和核心竞争力。

1.4　兵法智慧与时代思维的相融相生

《孙子兵法》把战争胜负视为多种因素综合作用的结果，在总结古今战争经验的基础上，分析了各种战争要素的互相作用及对战争结果的影响，创造了在多因素交织融合中把握战争胜败的战争理论。《孙子兵法》是军事学领域的奇迹，它既代表了古代军事史上的最高成就，是一部兵学圣典，同时它又是一部哲学巨著，把哲学思想创造性地运用于军事领域，避免了战争分析上的线性思维，形成了浑圆完整而少有片面性缺失的有机战争论。《孙子兵法》借用两端思维捕捉和看待战争要素，对它们做了透彻精到的分析，建构起了古代战争理论的一大奇观。《孙子兵法》抓住变化来论述战争，成就了以变为魂的争胜艺术。无论是中国自古以来的军事家，还是当代西方有所成就的企业家，都无不惊叹《孙子兵法》事理分析的严谨和争胜之道的精湛，其实这部影响深远的军事名著正是系统思维在战争论上的精彩创新。《孙子兵法》将战争要素看作围绕一个点而存在的三个层级的圆形系统，自内向外分别为军事条件、社会条件和自然条件。军事条件包括将帅能力、士卒素质和军需物资等；社会条件有国家经济实力、上下团结及人心向背；自然条件指地理气候状况。不仅如此，它还充分考虑了战争的时空因素，顾及到了各种要素的微妙变化和人们对其真实情况的认知程度，因而使这个多层级的系统成了一个非平面的、立体开放的系统。战争正是由其中许多因素交互作用，才聚焦和引发了圆点上的结果。《孙子兵法》把人视作战争中决定性要素，是其他各种因素的分析者、判断者、创造者、利用者、整合者和具体执行者，并且还是战争结果的直接承受者，因而表现了对该要素——战争主体的极大关注。十三篇兵法带着战争主体特定的价值判断论述战争，既揭示各要素具体作用的规律，又着力阐发人对这些规律的运用技巧，把人的价值选择性、主观能动性和战术操作性突出并有机结合起来，使它既是论述战争规律的理论著作，又是指导用兵布阵的军事技术著作，其对系统思维的利用和创新是空前的。它从根本上已超越了传统思维模式化和一般化的浮泛之论，深入到各种具体要素相互作用的必然性的层面，成为百家争鸣中别开生面的流派。《孙子兵法》在两端相依中探求制胜之道，运用这一思维利器分析战争各要素间的相互作用，创造了把系统思维与军事竞争相结合的无上典范。

《孙子兵法》作为一部军事圣典，其中无处不闪烁着思维智慧的光芒，其中所表现出来的战略思维、辩证思维、整体思维、求知思维、求变思维、创新思维与社会性思维都是现代科学思维的重要组成部分，直到进入互联网时代的今天，引起社会高度关注的互联网思维，都能在《孙子兵法》找到其中的根源，学会《孙子兵法》所蕴含的思维智慧，不仅能清楚地把握和解释互联网思维的实质，并且能够不断完善和创新互联网思维，在互联网经济的发展中贡献中国智慧，给出别具特色的中国方案。

第 2 章
战略思维

《孙子兵法》涉及面非常广泛，既包括理政治军的大战略、大智慧，也包括战役和战术的具体内容，此书虽是兵学巨著，但却是当之无愧的政治、经济和军事的集大成者。毛主席说过：“政策和策略是党的生命，各级领导同志务必充分注意，万万不可粗心大意。”

2.1 战略是个大问题

《孙子兵法》作为代表中国古代兵书最高成就的兵学盛典，不仅是一部兵学巨著，而且是一部体现东方智慧的哲学经典，无处不折射出战略思想的光辉，与《君主论》《智慧书》被称为世界三大智慧奇书。唐太宗曾说过：“观诸兵书，无出孙武。”被称为日本“经营之神”的松下创始人松下幸之助说：“《孙子兵法》是天下第一神灵，我们必须顶礼膜拜，认真背诵，灵活运用，公司才能发达。”《孙子兵法》和《战争论》是美国多所军校必修的经典著作。以上充分表明《孙子兵法》在中国军事史和世界军事史上具有无可替代的地位与影响，其影响力早已超越国界，成为全人类共同的精神财富。

2.1.1 孙子兵法的竞争之道

《孙子兵法》不仅是讲军事问题的兵书，而且是提示竞争之道和竞争规律的经典。竞争的规律无非是战略层面竞争与战术层面竞争两个方面。按照前后发展逻辑，既讲运筹又讲实施，具体运筹包括搜集和汇总各种信息、数据，评估双方的实力，分析事情的利弊得失，预测事情发展的趋势，选择正确的突破方向等。具体实施策略包括合理配置资源，扬长避短，做到原则性的坚持和灵活性的运用等。《孙子兵法》的论述揭示战前的运筹问题，战争过程中的实施问题，符合竞争规律和博弈之道。《孙子兵法》既重视战略的分析与定位，又重视战术的应用与实施，既重视对客观条件的分析判断，又重视发挥人的主观能动性。毛泽东说过：“思想政治路线确定以后，干部就是决定因素。”我们经常有很好的战略规划和发展思路，但环顾自己的团队，没有人能替自己独当一面，这种情况下，再好的计划和思路，也只能暂时搁置，所以说用人是一个战略问题，《孙子兵法》是将帅之道、领导之道，也是管理之道。在运用过程中，必须要活学活用，切忌教条主义和本本主义，历史教训是非常深刻的。历史上不少将领由于食古不化，一味迷信兵学教条，不但没能在战场上克敌制胜、建功立业，反而大败亏输，甚至搭上自己的性命，成为纸上谈兵的典型。三国时的马谡，对《孙子兵法》可谓稔熟于心，在街亭之役中，行军布阵，处处遵循《孙子兵法》的要求，兵法要求军队屯驻宜“居高向阳”，他就部署军队于高丘之上，声称“居高临下，势如破竹”。别人提醒他山上无水源，若遭敌军包围，容易陷入不战自乱的困境，他亦拿出《孙子兵法》的话来为自己作为依据，“投之亡地然后存，陷之死地然后生”，然而他却忘了自己的对手乃是号称曹魏五子良将的宿将张郃，其作战经验丰富，马谡若不照搬《孙子兵法》，尚不至于败得如此不堪，而他拘泥于《孙子兵法》的教条，则输得连生命都搭了进去。

2.1.2 孙子兵法的战略之道

《孙子兵法》研究的首要问题就是军事战略问题，具体分为战略运筹和战略实施，通俗地说是解决“做不做”“何时做”“何地做”的问题。战略是关系战争问题的核心问题，针对的对象是战争问题，具有指导性、决定性和引领性，在战争中起到关键作用；战略面对的问题是全局而不是局部，是长远而不是眼前，是根本而不是枝节；战略是具有可操作性的方针和策略。首先是解决“做不做”的问题。好多事有价值，但是制胜条件不具备，那就无法去做。英国战略学家利德尔·哈特有一句名言：军事战略的核心问题就是告诉你哪些事情可以做，哪些事情不可以做。其次是“何时做”的问题。把握时机，恰到好处，收放自如，见好就收，这是关键的一步。许多事情有价值，但过早做，就会四面受敌，成为矛盾的焦点，陷于被动状态；过晚做，则成了明日黄花，丢掉起步和发展的最佳时机。最后是“何地做”的问题。例如，曹操兵败赤壁，尽管其失败的原因有很多方面，但其致命的错误就在于选择了错误的作战地点，虽然曹操拥有强大的骑兵，在北方平原所向披靡，可到了湖北，碰到了湖泊、丘陵、沼泽地、河流，马跑不起来，需要强大的水军，而曹操的水军实力十分薄弱，就成为制约曹操军事实力发挥的短板，以自己的短板与对手的优势争锋，其结局就是未战而知的。[1]

20世纪90年代第一次海湾战争结束后，美国国防部写给美国国会的海湾战争总结报告就提到“我们这次战争中地面作战很好地借鉴了《孙子兵法》的重要原则：‘示形动敌’”。“示形动敌”即“战略欺骗”，制造假象，隐瞒真相，引诱敌人上当。也就是“三十六计”中所讲的“声东击西”。此战略取得了攻其不备，出其不意的效果，很快实现了战略目标。海湾战争的地面作战打了100个小时后，时任美国总统的老布什下达命令就地停火。这么做恰恰符合《孙子兵法》“穷寇勿迫”的原则，这不仅是为了避免出现“狗急跳墙”“鱼死网破”的局面，更重要的是符合政治生态学的重要原则，留有敌人是我们自身存在和发展的前提。孟子讲：“出则无敌国外患者，国恒亡。”由此可见，危险不是在逆境中产生，恰恰是在顺境当中。

《孙子兵法》的哲理极具启发性。我国台湾著名的企业家王永庆曾说过，现在的领导、企业家都在抱怨一个“忙”字，但很大程度上可以理解为是盲目的“盲”，没有方向，没有计划，没有目标，尤其是没有重点。《孙子兵法》对此早有深刻揭示，认为打仗最忌讳平均使用力量，总想面面俱到，结果往往是面面不到，什么都是重点也就没有了重点，所以高明的领导一定是兼顾全局、突出重点，善于集中力量打歼灭战，也就是毛主席所说的“伤其十指，不如断其一指”。

战略运筹的综合性和整体性。《孙子兵法》把《始计篇》作为十三篇的首篇，主要论述了军事战争的战略问题，是整部兵书的精华所在，以“兵者，国之大事，生死之地，存亡之道，不可不察也”一句话作为开篇，将军事战争提升到关系国家生死存亡

---

[1] 洪兵. 孙子兵法与经理人统帅之道［M］. 北京：中国社会科学出版社，2005. 1（2015. 11 重印）.

的战略层面上，点出了重视用兵的非凡意义，由此可见，《孙子兵法》对军事战略的认知和重视达到国家生死存亡的高度。《始计篇》里所讲的“计”是计算之计，并不是阴谋诡计之计，也就是战略谋划和战略运筹问题，并强调战略运筹的要素应该具有综合性。“算”就是战略运筹，孙子强调战略运筹的要素必须具有综合性、系统性。为此，孙子提出五个基本要素，即“道、天、地、将、法”。

“道”是政治，把政治放在优先的位置，古今中外都是一样。只有政治清明、内部和谐，才能克敌制胜，无往而不利。一支军队只有具有共同的目标和核心价值观，才能够同心协力、同仇敌忾，成为一支不可战胜的军队。据此，孙子提出“上下同欲者胜”的观点。在战争中要做到上下同欲，首先就是战略决策的正义性和正确性，通过对敌我双方进行深入的研究和比较，做到知彼知己，为科学正确的战略决策奠定基础。在现实生活中，我们对道的理解也可以是“应时顺势”，只有顺应时代的发展趋势，才能凝聚人心，达成共识，做到“上下同欲”。孙子认为，作为一个领导者或管理者，首先得有自己的主见，跟在别人后面跑，见异思迁，就会陷入随波逐流、左右为难的困境，毛泽东早就指出，领导干部不能当群众的尾巴。由此可见，优秀的领导者和管理者首先要有决断、有方向，引着大家走，这样才和谐，才能凝聚人心，形成上下同心的高昂士气，才能在激烈的竞争中立于不败之地。

“天”是天时，在战略运筹的过程中，一定要认真分析和评估敌我双方所拥有的在天时上的优势。孙子所说的天时分为两个层面，第一个层面是指寒暑、风雨等自然气候条件，比如，地处南方的军队攻打北方的军队，一般都是选择初夏或暮春，因为这时河流解冻，水位最高，运送粮草最方便。反之，大都选在初冬或者深秋，秋高马肥，这就是天时；第二个层面是指战略时机是否成熟。谁把握的时机最为恰当和准确，谁就掌握主动与先机，这就是战略选择的时机问题，也就是选择对自己最为有利的时机。

“地”是指地利。综合比较双方的“地利”因素，是综合运筹分析的重要方面。一是“战术地理”层面的地形地貌，对于一个将领来说，如果没有强烈的战术意识，绝对不会创造战争奇迹。对于学习和研究者来说，如果没有战术地理的概念，对于一些战争奇迹难以理解。例如，古代以少胜多的著名战役中，一万人军队能打败十万人军队，之所以能够战胜十倍于自己的敌人，一方面，是由于部队士气高涨，将领指挥得当，另一方面是占据有利地形。二是指战略地理层面，也就是指战略区位、兵家必争之地、战略要点等，在战略地理层面谁具有最大优势谁就掌握了战争的主动权。在两千五百年前，孙子就能把“地”放到如此重要位置，因此，孙子被誉为中国军事地理学第一人是当之无愧的。粟裕作为我军的开国大将，在与敌人展开生死较量的舞台上，演绎出一个个叹为观止的经典战例，向我们展示了高超的作战指挥艺术。“不谙地图，无以为宿将。”粟裕深知这其中的奥妙，并成为一位名副其实的“图痴”，除了热衷于熟读军用地图外，还喜欢熟识各种比例的地图，因此，在每次作战指挥时都能够跳出战役、战斗本身，从战略全局考虑问题，进行决策，从而运筹帷幄，决胜千里，为新中国的成立立下赫赫战功。

“天时不如地利，地利不如人和。”人是决定战争胜负的关键因素。具体到军事战争中就是队伍——人和。讲人和、讲队伍，首先是靠群众，兵民是胜利之本。孙子的话非常实用，会用兵，“视卒如婴儿”“视卒如爱子”。但他更推崇的是“将”“千军易得，一将难求”，为将者要做到“智、信、仁、勇、严”，将帅的谋略与才能成为战场上决定胜负的核心要素，敌战双方有没有胜利的可能，有多大的胜算关键在于将帅的能力与水平，对于用兵要做到“投之亡地然后存，陷之死地然后生”，这是孙子在战略计算中对将领的具体论述。

“法”是指治理军队的制度和法规。孙子强调比较双方的制度建设情况，法制健全和落实情况。按章程办事、守规矩，做到有法可依、有法必依、执法必严、违法必究，令行禁止，纪律严明是取得胜利的前提和保证，强调修道而保法。更值得学习和借鉴的是孙子的超常规思维方式，他在做正向推断的同时，非常重视辩证思维和逆向思维。一方面讲严格法令、遵守法令，提倡没有规矩不成方圆，另一方面又强调在遵法的同时要坚持一切从战场的实际出发；既强调军队以服从命令为天职，又强调“将在外，君命有所不受”。只有将二者有机地结合起来，才能形成最佳的管理状态，这充分显示了孙子的睿智和超凡的智慧。具体情况具体分析，不墨守成规，善于利用逆向思维和超常规思维解决和处理棘手和互相矛盾的问题也正是一名优秀的将领、一位优秀的领导者和管理者所应具备的最可贵素质之一。

战略预测的前瞻性和战略选择的多样性。《孙子兵法》强调要全面了解情况，认为“知彼知己、知天知地”是战略预测的前提和基础，同时强调“先知”“早知”，也就是战略预测的前瞻性，尽可能早地掌握情况，知之不早不如不知。刘伯承元帅说，《孙子兵法》讲的就是吃肉的道理，嘴巴里面要吃块肉，筷子里面要夹块肉，眼睛里面要盯块肉，心里面还要想着块肉。“宜未雨而绸缪，毋临渴而掘井”说的就是这个道理。注意战略选择的多样性与战略预测的前瞻性同样重要。在决策之前，要把各种可能性考虑进去，必须有上、中、下三策，立足最坏，争取最好。孙子认为，最佳战略手段是“不战而胜”“是故百战百胜，非善之善者也，不战而屈人之兵，善之善者也”。所以他主张“上兵伐谋”。兵不血刃，成本最小，效率最大。但上兵伐谋、不战而屈人之兵虽有可能成功，但概率太低，这时要退而求其次，“其次伐交”。所谓伐交就是说到了战场，摆好阵势，引而不发的状态，通过这种阵势吓退敌方，但是万一敌人没被威慑，还要继续打，就再退而求其次，“其次伐兵”，也就是进行野战，这个成本更大，杀敌一千，自伤八百。孙子认为最糟糕的是在野战过程中没有将对手全部消灭，部分敌人跑到城里负隅顽抗，这座城池必须打下来，这时候就被迫做出最后、最坏的选择，“其下攻城”，但孙子认为即使是最差的一种选择也比没有选择要好，所以他强调，战略选择方案要多样性，就是在“算”的时候都要考虑进去。

战略实施的可操作性。战略方案的制订首先要考虑到方案的可执行性和可操作性，而不要一味地追求完美。孙子看来，真正好的方案是有缺点的方案，有问题的方案，完美无缺的方案往往是虚假的方案，不具有实际操作性。这种认识正是孙子的高明之处和价值所在。在战略方案的实施过程中，《孙子兵法》提出“兵者，诡道也”，在孙子看来，打仗就是双方比试骗术高下的过程，会骗的打败不会骗的。现在所说的“兵不厌诈”和“兵以诈立”就是这个道理。孙子一共列举了十二种方法，叫“诡道十二法”。“能而示之不能”，明明打得过对方，对己方有优势，但故意示弱，展示一种软弱姿态，使对方放松戒备，狂妄自大，高枕无忧，暴露破绽，这时趁虚而入，给对方以致命的打击。虽然孙子列举了十二种方法，但孙子认为，一旦说出的方法就不是最佳方法，真正高明的骗术是只可意会，不可言传，所以孙子强调“形兵之极，至于无形”。这是《孙子兵法》活的灵魂，打仗没有一成不变的刻板模式。在打仗的过程中要调动敌人，也就是致人，而不被敌人所调动，也就是不致于人，这样才能掌握战场上的主动权，为取得胜利创造条件。最高的真理往往是最简单、最朴素的。“致人而不致于人”不仅适用于军事战争领域，而且也适用于政治、经济、管理等各个领域，是指导不同领域竞争的金科玉律和至胜法宝。

2.2 不战而屈人之兵

《孙子兵法》中“不战而屈人之兵”的战略思想正是孙子全胜思想的集中体现，其实质就是用不流血的斗争方法，在不破坏敌、我双方的兵力、物力的情况下，迫使敌人屈从于己方的意志。这样最大程度地降低了用兵之害，不战而达到自己的战略意图，这无疑是军事上所有谋略中的上策，是“善之善者也”。因此，“不战而屈人之兵”的战略思想是战略决策中的最佳选择。在战争中，能够使敌人屈服投降，显然比击败消灭敌人要有利得多。这一思想作为兵家的一种最高思想追求和最佳用兵指导原则，被后世的政治家和军事家不断地加以实践验证，并创造许多精彩的例证，演绎着一部部传奇的战争史诗。

春秋末年，各诸侯国战争不断，攻伐不已。孙子清醒地认识到，战争对社会的巨大破坏和人民遭受的重大灾难，他主张在战略上应以安国保民为宗旨，以谋攻为上策，避免直接交兵造成巨大的人力、物力的消耗。于是创造性地提出：“故善用兵者，屈人之兵而非战也，拔人之城而非攻也，毁人之国而非久也，必以全争于天下，故兵不顿而利可全，此谋攻之法也。”不经过直接交战，而使敌人屈服才是孙子军事上所追求的最高境界。

传说唐玄宗时，渤海国的使者带着国书来到长安。唐玄宗召见番使，命令翰林学士宣读番书。不料，翰林学士打开番书，见上面全是如“鸟兽”一般的文字，竟一字不识。唐玄宗又命太师杨国忠宣读，杨国忠也一字不识。唐玄宗宣诏文武百官，文武百官也没有一个人识得。唐玄宗大怒道：“枉有你们这些文武百官。连这封信都认不出来，如何回话？番使回去必然会嘲笑我大唐朝无人。”唐玄宗最后传旨：“如果九天内还不能知道番书的内容，一律处斩，另选大臣，保护大唐江山！”

翰林学士贺之章回到家中，长吁短叹，一筹莫展。贺之章的窘态惊动了家中的客人李白，李白因进京赶考，受到杨国忠和高力士的排挤，名落孙山，此时正寄居在贺之章家中。李白问明情况道："可惜我李白金榜无名，不能为朝廷分忧解难。"贺之章闻知李白能识番文，惊喜万分，立刻向唐玄宗做了汇报。唐玄宗赐予李白进士及第，穿紫袍金带，并在金銮殿上接见了李白。李白捧起番书，用唐音念道："渤海国大可毒书达唐朝官家，自你占了高丽，与俺国逼近，边兵屡屡侵犯吾界，想出自官家之意。俺如今不可耐者，差官来讲，可将高丽一百七十六城，让与俺国，若要不肯，俺起兵来厮杀，且看那家败胜！"面对这份"宣战书"，唐玄宗问文武百官："番人要兴兵抢占高丽，有何策可应敌？"众人缄口不答。贺之章道："太宗皇帝三次远征高丽，都没有取胜。后来借助高丽内战之机，派李勋、薛仁贵率百万大军才征服了高丽。如今天下太平，多年不遇战事，既没有良将，也没有精兵，如果打起来，很难说能不能取胜。"玄宗问："那我们如何回复番使呢？"贺之章指着李白说："陛下还是问李白吧。"

李白侃侃而谈："皇上尽管放心，明天召见番使，我当面回答他，也用"鸟兽"一般文字。一定要他们的可毒知我大唐王朝的威严，拱手束降。"

唐玄宗当即封李白为翰林学士，设宴款待。李白大醉而归，第二天上朝酒气还未退。借助酒劲，李白想起科考时被杨国忠和高力士侮辱的情景，上奏唐玄宗要求高力士为他脱靴、杨国忠为他捧砚磨墨。由于正在用人之际，玄宗立刻准奏。李白神情气爽，大笔一挥，不一会儿就写好了吓蛮书，献到唐玄宗面前。玄宗但见上面龙飞凤舞，却一字不识，心中暗暗吃惊，于是让李白宣读。李白朗声念道："大唐开元皇帝，诏谕渤海可毒：自昔石卵不敌，蛇龙不斗。本朝应运开天，抚有四海，将勇卒精，甲坚兵锐……方今圣渡汪洋，恕尔狂悖，急宜悔祸，勤修岁事，毋取诛戮，为四夷笑……”

渤海国使者大为震惊。回到渤海国，将大唐国书交给渤海国国王，国王看后惊恐地说：“天朝有神仙相助，如何敌得！”于是写了降表，归顺大唐王朝，这就是成为千古美谈的“李白醉草吓蛮书”的故事。

李白的“不战而屈人之兵”实际上就是用威慑的手段，以实战为后盾，示威而不惧战，将威放于战中，二者互为表里相得宜彰。而威慑要以实战能力为基础，实战能力愈强，威慑的作用也愈大，威慑越有效，战略目标越容易达成。

“不战而屈人之兵”可以说是效率最高和效益最大的取胜方式，想要更好地使用这一方法，重要的是要善于运用一种“诈”的手段，正所谓“兵不厌诈”。或许你没有那么强大的实力，但为了达到恐吓对手，不战而屈人之兵的目的，有时就要假装做出一种态势，使对方畏惧，不战而退，当然这一种诈术的成功运用也是以大唐强大的综合国力为基础的，如果超出合理的范围，可能就会造成“画虎不成反类犬”的负面影响。

不战而屈人之兵是一种战略智慧，只有具备战略思维方式，并且在深入研究和了解敌我双方情况的基础上，把这种思维与自己所处实际情况相结合，采取恰当的策略，才能取得意想不到的效果。

2.3　多算胜，少算不胜

“夫未战而庙算胜者，得算多也；未战而庙算不胜者，得算少也。多算胜，少算不胜，而况于无算呼！”用这句话作为《始计篇》的结束语，由此可见，《孙子兵法》对于庙算的重视程度，把庙算和诡道作为实现战争胜利的两个决定性因素。庙算与诡道在决定战争胜负的战略决策中具有重要的理论意义和现实意义。

孙子认为，只有通过对天下大势和民心向背情况的观察判断，对天时、地利、人事和法制等方面的计算比较，做到知己知彼，才能达到先胜和全胜的目的。因此战争的决策者一定要在战前做周密的谋划，对战争中可能出现的种种情况做出不同的估计和安排，做到“知彼知已，百战不殆”。汉高祖在平叛英布前，与自己的谋臣薛公的一席话，可谓是一个卓越的庙算典范，薛公周密地分析了刘邦和英布各自的优劣长短以及天下形势，比较他们的得失胜负，帮助刘邦做出了正确的战略决策，充分验证了多算胜，少算不胜的重大战略思想。

汉高祖问薛公：“英布曾是项羽手下大将，能征善战，我想亲率大军去平叛，你看胜败会如何？”

薛公答道：“陛下必胜无疑。”

汉高祖道：“何以见得？”

薛公道：“第一种情况，英布东取吴，西取楚，北并齐鲁，将燕赵纳入自己的势力范围，然后固守自己的封地以待陛下。这样陛下也奈何不了他，这是上策。”

汉高祖问：“第二种情况会怎么样？”

薛公答：“东取吴，西取楚，夺取韩、魏保住敖仓的精食，以重兵守卫成皋，断绝入关之路。如果是这样，谁胜谁负，只有天知道。这是第二种情况，乃为中策。”

汉高祖说：“先生既认为朕能获胜，英布自然不会用此二策。那么，下策该是怎样？”

薛公说：“东取吴国，西取下蔡国，将重兵置于淮南。我料英布必用此策，陛下长驱直入，定能大获全胜。”

汉高祖面露喜色，道：“先生如何知道英布必用此下策呢？”

薛公道：“英布本是骊山的一个刑徒，虽有万夫不挡之勇，但目光短浅，只知道为一时的利害谋划，所以我料他必出此下策！”

汉高祖连连赞道："好！好！英布的为人朕并非不知，先生的话可谓一语中的！"

汉高祖封薛公为万户侯，又赏赐给薛公许多财物，然后亲率十二万大军征讨英布。双方的军队在蕲西相遇后，汉高祖见英布的军队气势很盛，于是采取了坚守不战的策略，待英布的军队疲惫不堪之时，金鼓齐鸣，挥师急进，杀得英布落荒而逃。英布逃到江南后，被长沙王设计杀死，英布的叛乱以失败而告终。

薛公指点汉高祖未战先算，算出英布可以使用的"上策""中策"和"下策"，又算出英布必用"下策"。将敌人分析得如此透彻，怎么能不取得胜利呢！由于未战而算在先，汉高祖才胸有成竹地打败了英布，平息了叛乱。

作为一个现代管理者要进行庙算，就必须充分认清影响成败的各种因素，分析各种相关因素能否转化和转化的条件，再根据有利于自己的原则去利用或转化这些因素，做出获胜的决策。"运筹帷幄之中，决胜千里之外"说的就是这个道理。

在竞争中如果"算在人先"就能够占据主动，因此作为经营管理者应对市场可能出现的情况进行估计，有利的、不利的都应考虑到，并分别提出几种不同的应对方案和对策，这样才能时时保持主动。

一个善于决策的人，不是对事情有了百分之百的把握才去决策。决策总是带有一定风险的。事情都清楚了才去决策，算不上真正意义上的决策，这样的决策任何人都能去做。要知道，条件完全具备之际，往往意味着最佳机会的丧失，一味地追求完善，就会错失良机。

古人说："六十以上算为多算，六十以下算为少算。"因此，有六成以上的把握，就应当敢于决策，充满信心的大胆行动，从某种意义上说，风险与利益的大小是成正比的。风险越大，成功后得到的利益也就越大。利益就是人们对所承担风险的补偿，一点风险都不敢冒的决策，绝不能算是高明的和卓有成效的决策。当然这种决策是经过认真计算和权衡做出的，不经任何计算和论证的决策是盲目的，是不可取的。

《孙子兵法》云："是故智者之虑，必杂于利害。杂于利而务可信也，杂于害而患可解也。"意思是说智慧明达的将领考虑问题，必然把利害一起权衡。在不利条件下考虑到有利因素，战事就可以顺利进行；在有利条件下考虑到不利因素，祸患就可以及时解除。由此可见，万事无完美，有利必有害，利害相杂，只有通盘考虑，趋利而避害才能无往不利，取得最大的成功。

香港巨富李嘉诚的成功之道就是善于"未战而庙算"。他看到人们生活不断提高，更多的人用花来美化环境。但养花要有一定的空间，不仅费时费工，品种也受限制，而塑胶制成的塑胶花必将受到人们的欢迎。于是他计划生产塑胶花。他到塑胶供给创始地意大利进行现场考察，回到香港后便集中精力筹备生产。由于比意大利的产品便宜一半，长江塑料花一生产出来便在市场上畅销，而且还受到欧美进口商的欢迎。李嘉诚创办的长江塑胶厂也因此成为当时世界上规模最大的塑胶厂，29 岁的李嘉诚被誉为"塑胶花大王"。

计划是成功的保障，也是成功的必备条件。如果一边走路一边计划，效果已经大打折扣了。成功者之所以成功，是因为要做的事情都是他们已经计划好的。因此，他们的成就总是超越别人。

如果不懂得事先计划好，那么，盲目行动只会带来失败。做事的程序通常是愿景、计划、力量和效果。没有雄心壮志，就不会有超越时空的意图；没有超越时空的意图，就不可能有无可比拟的计划；没有不可比拟的计划就没有坚定果敢的行动和力量；没有坚定果敢的行动和力量，就难以取得伟大的成功。从古至今，大事小事皆如此。所以说，计划是行动之父，行动是成功之母。

2.4 互联网时代的产品战略

互联网时代更青睐“不战而屈人之兵的竞争战略”和“全胜的产品战略”。互联网经济的发展日新月异，各种各样的创业平台和创新产品层出不穷，创新创业不再属于精英人士的专利，大众创新、万民创业已经成为时代发展的主旋律，无论对于互联网企业还是消费者来说，产品战略显得越发重要，顺应互联网时代的要求，就要运用战略性思维对互联网时代的产品战略进行思考，互联网时代的产品战略到底有哪些特点呢？我们可以借鉴孙子兵法的“全胜、先胜和算胜”的战略思维，把产品战略的重心放在产品满足客户的需求上，结合互联网时代数字经济的特点，确定互联网时代的产品战略，可以概括为：用户至上、大道至简、专注极致、内外兼修。

传统的商业形态正不断受到互联网的冲击，消费者的话语权越来越强。消费者在追求简单化的同时，更追求一种直来直去的思维方式，更喜欢不费脑子思考的娱乐节目、更直白的互联网沟通平台、省去中间环节的购物模式。有一定品牌支撑，使用简单的傻瓜式产品越来越受到消费者的青睐，并且这种趋势越演越烈，成为时代的必然。这也许正是一种大道至简的理性回归。

互联网经济时代，为消费者提供了太多的选择，太短的选择时间，太低的转移成本，必然使消费者的耐心越来越不足，所以商家必须在短时间内抓住消费者。这便是一种简约风格。简约成了互联网时代重要的商业逻辑。所谓简约思维，就是“一切从简”。这句话来自于大道至简的思维逻辑，在过去代表人的修养和修为，在今天的互联网时代，对于互联网企业来说，则代表了企业在开发产品和服务上所展现出来的素养和修为，它包括三个方面的内容，即看起来简洁、用起来简化、说起来简单。

所谓简洁就是“一目了然”，一看便知所有内容。把简单的界面、简洁的产品提供给用户，把复杂的组织和逻辑留给自己。所谓简化就是“一键到底”，用起来不用记忆按键的顺序、功能的位置，一键直达需要的功能，找到想要的界面。所谓简单就是你所提供的产品和服务必须能够快速让客户看到价值，并能用简单的语言描述进而传播。在这个网络已经占据人心智的社会，没有人会有时间和耐心去听你摆事实、讲道理，更没有人去研究和消化你那复杂漫长的研发和论证过程。用户需要什么，我们就以最简洁、最直观的方式把用户想要的结果呈现给用户。

专注是指为了做成一件事，必须在一定时期集中力量实现突破。是“集中兵力打歼灭战”军事思想在互联网时代产品战略上的运用，专注就是少做点事或者说只做一件事，将一件事做到极致。“少就是多”意味着专注才有力量，专注才能把产品做到极致。正所谓“越专注，越专业”。在讲求效率与速度的互联网时代，谁能用最短的时间抓住关键点，并持续关注这个关键点，谁就能在未来的竞争中赢得主动，谁就可以用较少的代价获得更多的收益。

所谓的“专一化战略”就是“专注”思想在战略管理领域的重要运用。互联网时代，专一化战略作为一种重要的企业战略管理思想并没有过时，反而更为重要。当今是一个信息过剩的时代，也是一个注意力稀缺的时代，想要在无限的信息中攫取有限的注意力，就要求我们的产品对于消费者而言，必须能够一击即中。专注便成为竞争制胜的重要法宝，只有专注才能解决用户的迫切需求，也只有专注才可能将产品做到极致。只有做到极致，才能在产品制胜的年代获得并积累竞争优势。按照专一化战略思想的要求，互联网产品应集中精力，主攻某个特殊的顾客群、某产品线的一个细分区段或某一地区市场。这样才能取得事半功倍的效果。

做专注的创业者。即使在如今物质丰饶的年代，我们依旧面临着资源有限的局面，人力资源、资本等依旧制约着企业和创业者们在市场中的竞争。尤其是对于那些小微创业者来说，在创业初期，做不到专注就不能生存下去！将有限的资源进行聚焦，才可能更加有效地解决问题。如果无法专注，创业者失败所带来的损失是非常令人痛心的，因为它不仅在于造成员工、企业和投资人的损失，还在于造成了对人们的时间、热忱和技能的浪费。

创业者只有将有限的资源进行聚焦，毕其功于一役，集中力量解决用户最迫切需求，才可能迅速抓住消费者的心。所以创业者应该这样规划自己的产品：一个用户明确而且迫切的产品，选择的用户需求要有一定的普遍性，这点决定产品的未来和前景，解决的问题少，开发速度快，这样容易控制初期的研发成本和风险。解决问题明确的产品，才容易说清楚，推广也会相对简单。此外，在做好产品专注的同时还要做好产品的规划，要根据市场信息确定客户细分和客户战略，最终形成产品的组合规划，特别注意的是，在产品规划过程中，在每一个细分的需求点上，给消费者一个选择就好，不要冗余地提供诉求点不清晰的产品。

总的来说，少就是多，向用户传递的是一种清楚的内涵，并且通过时间的推移而不断加深与用户之间的情感，对于产品线规划来说，关键是要把握住市场信息，充分了解用户需求，而产品的性质不同，则决定了不同产品规划策略。

选择不做什么，比选择做什么更重要。专注意味着放弃和牺牲，在激烈竞争的今天，对于企业来说，如果想要成功，就必须善于放弃某些东西。大舍大得，小舍小得，不舍不得。要做到专注，就要大胆地取舍，做最擅长的事，无论进入和退出都需要取舍。

一般来说，企业在发展过程中有三个重要的取舍时期，第一个时期是创业伊始，企业需要选择所要进入的具体的行业领域；

第二个时期是遇到投资和市场利益机会时，需要利用现有资源进入新的行业领域；第三个时期是企业经历了多元化时期之后，需要退出某些行业领域。相对而言，初创时期的取舍要容易一些，因为那时企业掌握的资源极其有限，企业管理的风险警觉性还非常高，关键是找准切入点。但当企业步入真正意义上的成长阶段时，所有一切开始变得不一样了。有时候企业不得不在健康成长和迅速成长之间做出抉择。

企业战略变革过程就是不断取舍的过程，取舍是推动公司变革的艺术。战略的本质就是定位、取舍和建立活动的一致性。企业如何寻找一个有价值的定位呢？波特在《竞争战略》中指出，战略就是有所为有所不为，其中更为重要的是选择不做什么，大部分企业家都试图满足顾客的所有需求，提供所有的经营活动，从而模糊了公司形象，乃至最后丧失了竞争优势。但仅有战略定位不能保证企业具有持续竞争力。为此企业必须通过选择一系列经营活动来创造差异性，从而延缓或阻止竞争者的模仿。取舍意味着在一组经营活动中进行选择，由于达到目标具有路径依赖性，一旦选择了这种经营活动，就必须减少其他的经营活动，对于不同经营活动的取舍将使模仿变得很困难。❶

企业做到了一定程度，重要的不是把握机会，而是要具有拒绝机会的能力。勇于拒绝，聚精会神，才能真正把企业做大做强。不贪婪不求全，企业经营做减法，品牌业绩成倍加。茅理翔说："我们不做别的，就做厨房领域，而且要做最高端的，要卖得贵，更要卖得好。"只做自己擅长的，让方太成为中国厨房影响力最大的品牌，这些都是因为专注而成功的案例。专注虽然意味着牺牲和放弃，但从最终结果来看，往往是获得了更多的收

❶ 张双旗．孙子兵法对现代企业战略管理的启示［J］．中国集体经济，2020（36）：56－57．

益。这本身就蕴含着朴实而深刻的哲学道理。

在互联网经济时代，要合理为消费者进行定位。《新定位》一书中，对于消费者给出了五种思考特性，可以帮助企业更好把握消费者心理，打造出颇受消费者青睐的自主品牌。消费者只能接受有限的信息；消费者喜欢简单；消费者缺乏安全感；消费者容易失去焦点；消费者的品牌印象不会轻易改变。针对以上特点，互联网企业要想获得成功，必须站在消费者的角度打造自己的品牌，唯有明确的定位，消费者才能认同产品有特色，区别于其他产品，同时只有明确定位，才能形成一定的品位，成为某一层次消费人群文化品位的象征，最终得到消费者的认可，让顾客得到价值收益的同时，企业自己的品牌得以巩固，获得相应的经济收益。

2.5 用户体验成为营销战略的主战场

用户体验是指用户在使用产品过程中建立起来的纯主观感受。对于一个界定明确的用户群体来讲，其用户体验的共性是能够通过良好的设计实验来认识的。计算机技术和互联网的发展，使技术创新形态正在发生转变，以用户为中心、以人为本的理念越来越得到重视，用户体验也因此被称作网络营销模式的创新精髓。注重用户体验的产品战略，成为互联网时代产品战略的主要组成部分。

用户体验的重要性可以打个简单的比喻予以说明：假如把某个网站当成是社会中的一个人，当别人接触过这个人之后，他（她）肯定会给别人留下一个印象，别人也会对这个人给出一个主观性评价，那么别人对这个人的主观评价就是我们所说的“用户体验”，如果别人对这个人的评价越高，日后与他打交道的机会就会越大，反之与他打交道的机会就很小。同样道理，如果某个网站的“用户体验”越好，用户回访的概率就越高，网站的黏性越大，就越有可能成为长青树，才能在激烈的竞争中立于不败之地。随着互联网和智能化时代的到来，用户体验变得越来越重要，已经成为网络营销的重头戏，要真正领会用户体验的精髓并将其发挥到极致，仅仅通过简单的模仿是很难实现的。必须要紧紧抓住用户体验的核心要素，致力于建设一个深受用户欢迎的网站，既注重网站的整体设计水平，提高网站的精美程度，又要注重用户在浏览网站的过程中是否能够得到愉悦的体验。

简单地说，用户体验就是用户在使用网站过程中的一种纯主观感受。用户在使用一个网站时的印象和感受如何，使用过程中是否能获得一种美好浏览享受，是否还有再次登录的欲望，都和用户体验息息相关。一般来说，最常见的用户体验的要素可以分为感官体验、交互体验、情感体验、浏览体验和信任体验。[1]

感官体验是一种呈现给用户视听上的直接感受，更加重视和强调舒适性，一般表现在色彩、声音、图像等方面；交互体验是呈现给用户操作上的体验，更强调易用性，一般表现在点击、输入、输出等方面；情感体验是呈现给用户心理上的体验，更加注重和强调认可性，一般表现在心理、情感、口碑等方面；浏览体验是呈现给用户浏览上的体验，更强调实用性，一般表现在原创、底色、字体等方面；信任体验是呈现给用户信任上的体验，更注重和强调可靠性，一般表现在服务、安全及隐私、法律声明等方面。

建立用户评价模型。既然用户体验如此重要，那么也可以用一个模型来直观地评价用户体验的好坏。在众多的用户体验相关描述中，认知度较高的一点是：用户体验是指用户在使用网站的过程中所感受到的、所获得的全部内容的总和，是衡量网站质量

[1] 赵大伟．互联网轴维独孤九剑［M］．北京：机械工业出版社，2016.

的重要标准，是一种与交互相关的集合。由于每个用户的性格和习惯都不一样，因此对网站的功能要求也不一样，体验也就不同，要想使用户获得较好的体验，就必须优先考虑最主要目标受众的需求。当网站能不断为目标受众提供有价值的业务时，就能让用户感到满意和愉快。为了方便评测网站给用户带来的体验，就必须通过一定的方法对用户体验进行量化。

用户体验主要由品牌、功能、可用性和内容四个基本因素组成。要量化这些因素，就要针对每一个因素，创建一系列的描述或参数，使用户有针对性地测量网站。以一个团购网站为例，对四个参数进行描述。首先是品牌。谈到品牌往往会想到某个行业比较知名的企业，如谈到搜索引擎就会想到百度、谷歌等。用于测量品牌的描述包括：网站提供给访客有吸引力的和难忘的体验，网站的视觉效果能迎合品牌特点，网站对品牌传达出感知预示，网站利用了媒体的能力来增强和扩展品牌，利用了音频、图片等元素对体验进行增值强化。其次是功能。对一个网站来说，功能上的体验主要是体验网站的各种功能是否便捷、好用，也就是不要让用户花时间去考虑某个功能该如何实现，而是尽可能实现“傻瓜式”引导。网站功能包括：用户及时获得对其查询和提交信息的响应、任务进度清晰并及时告知、权威的安全认证和隐私标准、让用户参与进来、网站包含管理员工具以加强管理员的效率。再次是可用性。可用性带来的是网站所有元素和特性的总体易用性。可用性之下的二级主题包括导航和易用性（友好度），可用性的描述包括：网站防止错误发生、帮用户从错误中恢复、网页整体侧重针对主要受众优化、方便的用户指南帮助访问者达成一般目标和任务、清晰的网站页面布局、网站为残疾用户提供内容等。最后是内容。内容指的是网站的实际内容（文字、音频、视频、图像、投票）及其信息架构，内容的描述包括：内部链接密度足够清晰且容易导航、内容组织方便用户达到目标、内容及时准确、满足用户需求、使用多语言的综合性内容等。

用户体验的一个核心内容就是产品体验，产品体验一般可分为功能层面的体验、服务层面的体验和平台层面的体验。这三个层面是递进关系，产品的出发点是功能层面。用户接触一个产品首先是功能的需求，其次是服务的需求，最后才上升到平台的需求。虽然三者具有递进关系，但从网络营销的角度看，视野决定格局，如果只是着眼于功能，竞争对手一旦把盈利模式放在服务层面上，那么功能定位将变得毫无意义。同样，如果将盈利模式定位在平台层面上，功能和服务只是配套措施，而平台就成为决定成败的关键。那么如何才能谋划好平台战略呢？归根到底，还是紧紧抓住功能和服务两大基础需求，一个使人爱不释手的功能，一种让人交口称赞的服务才是平台的基础，离开了这两个基础，平台战略就是镜中花、水中月，会变成毫无实际意义的空中楼阁。

判断一个产品的好坏，首先看这个产品是否切中用户的痛点，满足目标受众的需求，其次看该产品是否能用、易用、好用。此外，还要讲究速度和效率，力争让用户在最短的时间爱上它，要达到这样的速度和效率，只靠自己的力量是有限的，只有让用户驱动用户，才能形成“病毒式”传播。而用户驱动用户的前提是，你的产品能够在情感上打动用户，在心理上满足用户。把产品作为情感的载体，打造独具特色的产品，要想使产品卓而不群，打造产品的人必须拥有一颗不肯媚俗的心，同样的道理，什么样的产品就会吸引什么样的用户。创业团队对用户的体贴和关爱，会通过产品和服务传递出来。从产品的响应速度、功能到交互界面甚至产品上的每个字，极致的产品无一不透露着这样的情感。产品的本质，说到底就是向人们提供一种愉悦的体验，用户选择和使用某种产品，其动机归根结底是为了取悦自己，一个有爱的产品都是对这种原始欲望的尊重，那些受用户青睐的产品，都是因为它们贴近了人性中的原始欲望，是和人们的直觉和经验相吻合的产品。

产品是社会身份的表达。在日常生活中，我们每个人都本能地将自己划分为不同群体，在产品的选择上，选择不同的产品可以给自己营造一种属于这个世界的感觉。相当于给自己在这个社会中立一个坐标，找到一种归属感。当经济形态发展到买方市场的阶段，产品就演变成用户身份的工具，在这种消费行为里，用户通过某种产品将自己编织进社会等级或特定阶层与群体的社会秩序的网络之中，这是消费者通过消费行为对自己进行的社会定位。喜欢使用冷门产品的用户，其实是在表达个性的需求，用户通过购买和使用特定的产品来使他们区别于他人，从而表达自己的个性需求，在打造产品时如果能够很好地理解用户的个性化需求的心理，就能获得自己的用户群。品位是文化消费的典型形态。比起等级与个性，品位已经成为人们选择产品的重要参考，其对产品体验有更强的冲击力和影响力。

体验的本质是心理的诉求。不管从产品的功能层面、服务层面，还是平台层面看，产品的终极目标都是满足人性需求。因此，网络时代的用户不完全是理性消费，而是理性与感性的交融。体验是人们对产品整个生命周期中的事件所产生的心理感受。这种感受是超越一般经验和认识的、独特的、难以言表的、瞬间性的深层感动。我们需要研究这种感动的触发点，把体验当作一种价值的载体。互联网技术日新月异，其本质就是为人们的生活提供便利性，让人们不需要等待、不需要思考。因此，好的产品往往是自然而然的产品，是简单的产品，因为只有简单才可以直接触碰人性。

2.6 互联网时代更青睐战略思维

随着互联网技术的发展，社会进入数字化时代，数字化时代的一个显著变化就是企业寿命、产品生命周期、争夺用户的时间窗口都在以前所未有的速度缩短。传统经济时代，企业变革可以慢慢去做，因为时间轴相对较长，但是，现如今不能再用原有的方法去做，今天所有的变化不能用原有的经验去把握，也不能用过去的标准去衡量。

在互联网技术所带来的各种各样的挑战中，最可怕的是变化的速度。企业寿命、产品生命周期、争夺用户时间窗口的根本改变，会导致各个行业都被重新定义，甚至对于大部分事物的理解都要换个角度。为了适应时代的节奏和变化，就要培养不一样的战略思维。如果还沿用原来的思维方式，则定会被淘汰。海尔曾经作为一家制造型企业，如今在谈“人单合一”，在谈创业平台，这彰显了时代本质在发生变化。每一家企业为了适应时代的变化，都必须调整自己的战略思维。

从工业时代向数字时代转换最大的变化，就是从连续性思维转向非连续性思维。这就需要组织具有跨越能力。沿着旧地图，一定找不到新大陆；不去探险、探索，新大陆就离你很远。过去，产业效率是线性增长，之后速度加快变为指数型增长，都还有规律可循。但今天，数字化时代，断点、突变、非连续性、不确定性意味着所有的行业都要被重新定义。商业逻辑的变化来源于价值创造以及获取价值的方式发生了根本改变。断点的出现，使得商业环境和商业竞争从可预测变成不可预测，因此商业的所有范式都将被调整。由于变化是非连续的，企业对产品、市场、客户、行业的认识都需要调整。那些还在关心自己过去的经验、积累的核心优势、拥有的资源条件的思维方式正被时代无情地抛弃。正如比尔·盖茨所说的那样："核心竞争力是个陷阱！你原有的经验越多，能力越强，这个陷阱就越大。"

数字化时代的战略逻辑就是以未来决定现在。企业最大的挑战是面向未来，而不是传承过去。要勇于打破陈规、善于自我否定，提高面向未来进行创造、创新的能力。要勇于打破工业时代形成的连续的、可预测的线性思维。通过数据、协同、智能等要素的碰撞重构商业系统的结构，建立非连续、不可预测的非线性思维。共享单车、网约车分别是重构自行车和出租车行业的典型代表，其开创者均通过对未来发展方向的判断，用自己的实际行动去创造未来。

互联网时代要求企业实现组织转型，并且这种转型要有跨越非连续性的能力。因为只有组织才能把人和目标结合在一起，这是组织最重要的功能。如果组织形式无法转型，企业就无法真正实现转型。在互联网出现之前，企业所有转型都可以从业务转型开始；互联网出现之后，所有的转型必须从组织转型开始，这是一个非常大的挑战。

业务转型是比较容易做的，因为业务转型只要在市场上有顾客跟随，就能完成转型。而企业组织转型最大的挑战是重构所有人的利益格局，如果企业组织转不过去，人跟目标就不可能组合在一起。海尔就是从组织转型开始的，这是面向互联网的制造业组织转型，这是一个大型制造企业在努力应对非连续性和巨变的时代。

要实现企业组织的成功转型就必须完成两个转变。一是领导者思维模式的转变。领导者要重新定位自己的角色：有勇气从一个"说了算"的人变成"说了不算"的人，真正尊重每个员工的贡献，打开边界，让更多人介入，分享财富和未来的成长机会。二是企业真正成为知识驱动型组织。知识驱动型组织具有四个特征：自上而下构建组织的"知识"DNA；数字化驱动为导向的组织结构；知识链与数字流协同的、开放的合作伙伴系统；持续优化以创造可持续价值。

法国著名哲学家卢梭曾经说过：“人类走向迷途，往往不是由于无知，而是由于自以为是。”面向未来就是要用新的知识武装自己，不断实现自我超越、自我放空。在数字化时代，成功实现战略思维转变和组织转型，以获得更高绩效和新突破。

实现战略思维转变和组织转型，首先，要勇于放下过去，跟过去隔开，不断更新自己；其次，要善于集聚，集聚资源、集聚市场占有率、集聚管理效能，并且把这三方面有机地集聚起来，做到执行到位，为未来的组织增长提供动力和源泉；再次，要有效地整合和组合，对所集聚的资源做配置和再生，以企业为主导进行整合，以顾客和业务为主导实施组合，顾客在哪里，就要把资源组合到哪里；最后就是要持续地理解环境，与外部进行不间断的互动。每一个组织、每一个管理者都要通过忘记、进入和学习这三步，做到融会贯通，做到这一点，重要的不是解决问题，而是“界定问题”，并且对这一“界定问题”进行系统分析，形成自己的方法论，形成自己的独特思维方式和与时俱进的组织结构形式。

第3章 整体思维

3.1 谨慎是一种大智慧

《孙子兵法》开篇伊始写道："兵者，国之大事，死生之地，存亡之道，不可不察也。"这里主要强调了"兵"在国家战略的重要地位，并且表明对待战争的态度，这种态度主要体现在一个"慎"字上，这就是孙武重战、慎战思想。

战争是关系着国家生死存亡的大事，我们不能不认真地研究它。孙子从战略的高度概括了战争存在的意义。这一科学的判断，如今已被人类历史上无数的军事实践所证明。

三国时期，刘备率蜀军攻打东吴，导致蜀国大败，元气大伤，刘备的一生也在白帝城画上了句号。这次战争的开始就注定了失败的结局，刘备不听群臣的劝阻，一意孤行，把个人的情感凌驾于国家利益之上，将大量军马带上了不归路。这场战争的失败是必然的，因为他完全违背了孙子的慎战思想，战争是冷静权衡的综合较量，而不是情感冲动的随波游戏。

公元221年刘备为报吴国夺荆州、杀关羽之仇，率4万大军沿着长江南岸，翻山越岭，攻打吴国。蜀军从巫山到湖北宜昌沿路扎下几十个大营，又用树木编成栅栏，把大营连成一片，前后长达700余里，其阵势真是咄咄逼人。

吴将陆逊为避其锋芒，坚守不战，双方成对峙之势。蜀军远征，补给困难，又不能速战速决，加上入夏以后天气炎热，以致锐气渐失，士气低落。刘备为舒缓军士酷热之苦，命蜀军在山林中安营扎寨以避暑热。陆逊看准时机，命士兵每人带一把茅草，到达蜀军营垒时边放火边猛攻。蜀军营寨的木栅和周围的林木为易燃之物，火势迅速在各营蔓延。蜀军大乱，被吴军连破四十余营。陆逊火烧连营的成功，决定了猇亭之战蜀败吴胜的结果。战败后刘备逃到了白帝城，想到这次失败，他羞愧难当，一病不起，于第二年四月在白帝城永安宫去世。

从上面这一战例不难看出，刘备在战场失利是由于指挥失当所造成的，但是从整体来说，轻易发动这次战争就注定了失败的结局。刘备不能紧紧把握“恢复汉室”的整体战略，而是以私仇代替国恨，决策脱离了整体战略中心，失败也是在所难免的。战场是残酷的对决，需要冷静的权衡与决断，意气用事和不计后果的决策只能给敌人以制胜的机会。仓促下的决定必然会因考虑不周详而导致失败，所以做决定前一定要再三思考，切忌疏忽大意。

不假思索或思考不周全就做出决定导致失败的例子在生活中比比皆是。在互联网时代信息量成几何指数的增长，这就给人们的选择和决策带来了一定的难度，如果不能审慎对待，极有可能带来巨大的损失。比如说，某公司获得了某产品产量减少的信息，给人的感觉是现在不订购大量的该产品，可能不久以后就订不到该产品。其实自己对这些产品的质量问题并不太清楚，如果此时仓促做出决定，购进大量该产品，极有可能因商品质量问题导致销售困难，给公司造成巨大损失。商场如战场，只有慎重对待每一件事情，做好每一次选择，才能在生活和工作中少出差错，一步步把事情办好。

谨慎是一种大智慧，是成功者的必修课，更是领导者和管理者所必备的重要素质之一。谨慎的品格包括慎言、慎谋和慎行。谨言慎行的人不会轻易犯错误，因为谨言慎行的人大多数思维严谨，遇事考虑周到。因为他们深知，言语能伤人也能害己，说话时如不假思索，一句话出口，很可能会招惹是非，引起争端和麻烦，甚至会殃及性命。

谨慎可以防止失败，但同时我们也必须认识到，谨慎并不代表不自信和自卑，二者截然不同。谨慎从事是指考虑周到，事先想到困难的一面，想到失败的可能，是为了想方设法克服困难避免因盲目从事、粗心大意而导致的失败。也就是说对于事情不利的方面，从积极的角度去思考，这是谨慎，对于困难和可能存在的失败从消极的方面去想，越想越担心越害怕，倾向于逃避退却，这就是一种不必要的谨慎，是一种担心失败的心态。由此可见，谨慎从事和害怕失败的根本区别在于是自信还是自卑，是积极的心态还是消极的心态。

谨慎作为一种大智慧，一定要建立在整体思维的基础上，这就要求从全局的角度去权衡利弊，既要看到局部又要纵观全局，既要看到眼前利益又要看到长期发展趋势，处理好局部得失与整体利弊的关系，在机遇与风险中找到最佳平衡点，实现整体利益最大化，做到收放自如，松紧有度，做到谨慎而不保守，因循而不守旧。

3.2 全胜之道与合作共赢

《孙子兵法》全篇中反复强调和集中论述的伐谋“全胜”理念是《孙子兵法》的精要所在。这里所说的全胜，既不是“大获全胜”，也不是“百战百胜”，而是以最小的代价取得最大的胜利。“全胜”谋略是贯穿《孙子兵法》始终的指导思想。“不战而屈人之兵”就是孙武在战略上所追求的终极目标。“不战”并不是没有战，而是慎战、少战，并且在其中必然会用到政治战、外交战和经济战等。“全胜”的思想不仅在军事上是一个伟大的创举，而且与现代社会所提倡的“合作共赢”具有异曲同工之妙。小到生活中的游戏比赛，大到国家之间的全方位竞争，都注重和提倡“全胜”；从枪林弹雨的战场，到尔虞我诈的商场，也都提倡“全胜”，这种“全胜”思想在军事、政治、经济和管理等方方面面都具有科学指导意义。

追求“全胜”才能实现战争利益的最大化。孙武的“全胜”战略是基于以下三个方面提出的。其一，战争的国力消耗和付出的代价太大。孙武说：“凡用兵之法，驰车千驷，革车千乘，带甲十万，千里馈粮。则内外之费，宾客之用，胶漆之材，车甲之奉，日费千金，然后十万之师举矣。”战争对国家的消耗是巨大的，何止是“日费千金”。例如，海湾战争在短短 42 天内就耗费了美国 600 多亿美元；伊拉克战争更是每秒耗费 4060 美元。面对这样的巨大消耗和高昂代价，战争不宜轻易发动，追求“全胜”才是战争的最高境界。其二，战争胜负在一线之间，瞬息万变，应当做好充分准备，不打无把握之仗。虽然争端和矛盾冲突无处不在，但一定要慎重地对待，因为战争不仅造成巨大消耗，更会决定一个国家生死存亡。孙武说战争是“死生之地，存亡之道，不可不察也”，“非利不动，非得不用，非危不战”，一定要以慎为先，在尽量避免不必要的战争的前提下，认真对待那些可能降临在我们头上的战争。其三，参与战争本质上是保全自己。战争的合理性在于维护和平，捍卫正义。历史上主动发动战争的惨痛教训证明，为了侵略和霸权而发动的战争，不但取胜的过程相当艰难，即使取得了暂时胜利，也将付出巨大的代价，并且这种胜利也不会维持太久。孙武清醒地意识到这个问题的重要性，作为一个崇尚道义的和平主义者，他指出了战争不是目的，而仅是一种达到预期目标的手段，是迫不得已的渠道。在战争中最大限度地保全自己，达到预期目标，才是《孙子兵法》所展示出的思想精髓。

“全胜”思想是一个完整的内容体系。《孙子兵法》中的“全胜”思想具体概括起来有慎重准备、争取主动、迅速突然、伐谋伐交、以战养战五个方面的内容。

一是慎重准备。慎重准备意为在实行计划之前，需要充分做好准备，制订详细的计划。孙武说：“故用兵之法，无恃其不来，恃吾有以待也；无恃其不攻，恃吾有所不可攻也。”寄希望于敌人不发动战争是懦弱的行为，必将丧失战争的主动权，导致最终的失败。战争是否发动不是以主观意志为转移，充分准备是取得“全胜”的第一要务。战前应当慎重准备，例如制订计划、经济建设、军力培养等。孙武说的“道、天、地、将、法”“将孰有能”“兵众孰强”“士卒孰练”就是这个意思。一战结束后，德国的军队建设受到了重重限制，例如德国只能保留十万的军队，但这十万都是士官没有士兵，也就是说万一开战征兵，每个士官最少都可以指挥十几个人作战，这样几天之内德国就能组织起几百万人的军队；德国的空军也有严格的控制，但德国国内组织了很多航空俱乐部，通过这些航空俱乐部为德国培养战斗机驾驶员；德国也不允许有兵工厂，但德国的飞机坦克都是在西班牙进行联合制造，科学家都是在国外进行武器研究，国家需要的话，随时都可以回国。这些战前准备为德国发动“二战”奠定了基础，这可以从一个侧面说明精于准备的重要性。就算这样，德国也因为战争准备的一些不足和战争的非正义性而导致最终的惨败。战争的准备并不是只有在战前才进行的，而是无时无刻都存在的。战时更应当充分准备，制订周密计划。孙武指出：“夫未战而庙算胜者，得算多也；未战而庙算不胜者，得算少也。多算胜，少算不胜，而况于无算乎！”在未进攻之前，必须对敌我双方的各方面情况加以充分衡量，对比劣势，进而找出正确的行动方法来，不能不顾客观条件而盲动。

二是争取主动。争取主动就是积极地参与到战争中，寻求主动权，牵制敌人，甚至以逸待劳。孙武认为：“凡先处战地而待敌者佚，后处战地而趋战者劳，故善战者，致人而不致于人。”他说的“攻其无备，出其不意”也是争取主动的意思。争取主动是多方面的，可以在战争中抢占主动时机，也可以在道义上争取站在舆论的正面。国共重庆谈判体现出了共产党在主动性上的成功。国民党原本认定，国共两党之间存在着重大的原则分歧，共产党不愿意建立联合政府，甚至错误地认为，毛泽东会考虑个人安全，不会轻易应邀前来重庆，因此假惺惺摆出要和平的姿态。而毛泽东亲临重庆谈判，积极主动地加入谈判议程的行动，挫败了国民党蒋介石的政治阴谋。随着谈判的开始，共产党更是率先提出了“八项意见”和“十一项方案”，向全国人民表明共产党不是在做表面文章，而是诚心诚意来谈判。这一做法，达到先发制人效果，使共产党在政治上获得了极大的主动。共产党的成功在于很好地利用了孙子所说的“道”在战略中的重要性，通过争取主动率先站在正义的一方，为自己树立了有力的舆论大旗。

三是迅速突然。迅速突然是指在尽可能短的时间内，出其不意地打击目标，取得预期成果。对于迅速突然作战的原因孙武给出了理由：“其用战也胜，久则钝兵挫锐，攻城则力屈，久暴师则国用不足。夫钝兵挫锐，屈力殚货，则诸侯乘其弊而起。”在战争过程中，最忌讳的是战争进程的拖延、时间的浪费。战争进程的拖延意味着辎重的浪费，军队的消耗，军心的涣散，而且时间拖得越久，浪费越大，潜在的种种突发情况发生概率变大，无形中增加经济成本和管理成本。为赢得时间，在战争中抢占先机是异常重要的。在现代战争中，产生了许许多多以迅速、突然、出其不意而制胜，且代价很少的经典战例。在第二次世界大战中，德国率先使用的闪击战，就是现代战争中迅速突击的典范。1939 年 9 月 1 日 4 时，德军以其 6 个装甲师、4 个轻装甲师和 4 个摩托化师为主要突击力量，在一马平川的波兰西部势如破竹般撕破了波军 6 个集团军约 80 万人组成的防线。德国装甲部队与空军构成的快速纵深挺进力量，将陈旧庞大的波军迅速撕裂、合围。波军 6.6 万人阵亡，20 万人受伤，69.4 万人被俘，而德军仅伤亡 3 万余人。闪击战中，德军充分利用了飞机、坦克的快捷优势，以突然袭击的方式制敌取胜。“二战”后期美军收复东南亚日军占领的诸多太平洋岛屿时所贯彻的“蛙跳战术”也是迅速突击的典型例子。由于南太平洋上岛屿星罗棋布，日美双方逐岛争夺，战争异常艰难。美国海军认为，如果采取逐步接近日本的打法意味着付出高昂的代价，并会使战局发展变得缓慢。为了加快战争进程，一个大胆的想法在美军的两大名将麦克阿瑟和尼米兹的脑海里产生了：放弃一线平推的传统做法，跳跃前进，越岛攻击。太平洋战区的盟军在他们的指挥下，两路并进，利用海军优势，避开日军的一线防御要点，攻取其战略纵深中守备较弱的岛屿，得手以后再以此为支撑继续开展进攻，从而使战争的进程大大加快，仅用半年多时间即突破了日军的内防圈。“蛙跳战术”的成功，节省了美军的人力和物力，以低代价获得高成果，成为军事史上的一个典范。

四是伐谋伐交。战争就是多方案选择的过程，在战前进行方案选择，在战争进行期间亦要根据实际情况不断调整，选择最优方案。孙武说：“故上兵伐谋，其次伐交，其次伐兵，其下攻城。”伐谋（制订科学的作战计划）、伐交（外交手段）都是优先考虑的上策；伐兵和攻城是迫不得已情况下所采取的下策，通过武力去消灭敌人的有生力量，或者占据要地来取得胜利是两败俱伤的选择。从策略实施的对象上孙子提倡“全国为上，破国次之；全军为上，破军次之；全旅为上，破旅次之；全卒为上，破卒次之；全伍为上，破伍次之”。孙武的这段话最能体现其“不战而屈人之兵”的全胜思想。战略上最佳的结果就是敌方在我方政治、军事压力下做出妥协。这就要求我方必须以强大的军事实力作为后盾。到了当代，真刀真枪的战争越来越少，政治战、外交战、经济战在大国之间的制衡和博弈过程中越来越显得举足轻重，伐谋和伐交的策略运用也最为广泛。诸如分化瓦解敌国的联盟，扩大巩固自己的联盟；利用国际舞台揭露、丑化、孤立敌人；利用国际组织对敌实施经济封锁、武器禁运等都是常见手段。海湾战争中，美国为了孤立、打击伊拉克，利用联合国对伊拉克实施经济封锁、武器禁运，迫使伊拉克从科威特撤军。美国为了进一步孤立伊拉克，对阿拉伯世界展开了大规模外交攻势，激起了阿拉伯大部分国家对伊拉克的义愤，相继站到了美国方面去反对伊拉克，从而保证了美国在海湾战争的胜利。

五是以战养战。以战养战意为利用战争中获取的人力、物力和财力，继续进行战争。孙武说：“善用兵者，役不再籍，粮不三载，取用于国，因粮于敌，故军食可足也。”在战场上，战斗激烈，时间紧迫，物资及武器装备的消耗量空前增大，而且后方运输线又极易遭到破坏。如果不善于就地征集战争所需物资，缴获敌方武器装备，而一味寻求从国内运输供给，就会使国家和百姓在经济上难以承受，而且还会贻误战机。只有学会运用“因粮于敌”，向敌人要辎重粮草的手段，才能极大减轻己方的负担，同时也能造成敌方的困难，这就像孙武所言的“故智将务食于敌，食敌一钟，当吾二十钟”一样。“二战”中德国用侵略手段获得了奥地利的铁矿，捷克斯洛伐克的锰、硫铁矿，波兰的煤、铅和铜，罗马尼亚的石油，匈牙利的铝、铅和锌土矿及法国的煤等战略物资，加强了纳粹德国的战时经济力量。毛泽东也曾在《十大军事原则》中提出了“以俘获敌人的全部武器和大部人员补充自己，我军人力物力的来源主要在前线”的著名论断。孙武这种追求作战行动与补给方式相适应的整体思维，有着重大的历史意义和深远影响。

《孙子兵法》是以“全胜”为思想核心的军事理论著作，慎重准备的原则阐释了战前的准备工作对全胜的基础性作用；争取主动的原则说明应避免被牵制而带来战争的损耗；迅速突然的原则揭示出速度和出其不意是取得全胜的关键；伐谋伐交的原则说明了政治经济和外交在全胜的战略中起到了四两拨千斤的作用。值得一提的是，这些原则并不能孤立片面地理解，而是要全面综合地进行把握和应用。通过《孙子兵法》的论述以及诸多事实可以看出，“全胜”的战略思想从古至今依然是有现实意义的，而且越来越体现出其科学性和生命力。当代的战争中大规模杀伤性武器的使用让人民意识到了战争远比想象的残酷，孙武“全胜”的战略思想越来越受到国家的重视和肯定。总之，《孙子兵法》这部人类伟大的军事理论经典，是现代社会控制战争的卓越的理论武器。它可以帮助人们理智地、清醒地看待战争，提高人们驾驭、指挥战争的艺术层次，在尽可能不用动武的情况下解决争端，也可将战争控制在尽可能小的范围内。我们要努力弘扬孙子思想，将人类文明的层次提高到一个新的阶段。同时我们要对《孙子兵法》活学活用，主动将其运用到政治、军事、社会和企业管理的各个领域，特别是全胜和整体的思维对于进入互联网时代的今天仍具有很强的生命力，为我们在瞬息万变的社会变革中抢占先机，获取主动，具有重大的现实意义。

3.3 协同是更高层次的管理

随着科学技术的飞速发展，人类社会已经进入了一个以指数速度发展变化的新时代，尤其是互联网技术的广泛应用和普及，使现代企业管理者的使命和责任发生了根本性的变化，在传统经济时代，企业管理者的目标是成本和绩效、控制和稳定，而在互联网经济条件下，企业管理者的使命和责任更重要地表现为创新和培养组织应对变化的能力。

从互联网、移动互联网到物联网和智能终端，技术的进步日新月异，但是在管理领域，管理思想和管理理论的进步远比技术进步来的缓慢和迟滞，在管理理念上如果不能够与时俱进，将注定无法适应这个瞬息万变的互联网时代。无论任何企业，只要实行唯业绩论，实行员工的收入与业绩完全挂钩，一些基础的与业绩无关的扎实工作就容易被忽视，破坏员工对企业的信任和忠诚，从而影响员工对企业的责任心和使命感。

在互联网时代，经济发展形态已经表现为多元和共享的时代特征，技术和工具的进步使协同创业成为可能，协同演变为一种适应时代发展特点的更高层次的创新创业模式和管理控制模式。协同理论并不是新鲜的东西，协同合作是伴随着人类文明发展进步而产生和发展变化的，一个社会的有序运行都离不开人与人、人与组织、组织与组织之间的协同，所不同的是以前的协同是局部的、零星的和小规模的，而现代社会已进入以大数据、云计算和智能化为代表的数字经济时代，给协同合作赋予新的时代内涵，协同不仅是频发的，大规模的，而且也成为企业竞争的重要指标。因为整个互联网时代越来越呈现出即时性的特征，互联网的发展趋势告诉我们，互联网时代的信息更多地由小的，分散的节点来创造，呈现出越来越“去中心化”的特征。网络传播所表现出来的即时性、互动性、移动性和渗透性，无疑使协同创新能力成为当下创新型企业的核心竞争力。“协同创新”是指创新资源和要素有效汇聚，通过突破创新主体间的壁垒，充分释放彼此间“人才、资本、信息、技术”等创新要素活力而实现的深度合作。

协同创新是一项复杂的创新组织方式，其关键是形成以大学和企业研究机构为核心要素，以政府金融机构、中介组织创新平台和非营利性组织等为辅助要素的多元主体协同互动的网络创新模式，通过知识创造主体和技术创新主体间的深入合作和资源整合，产生系统叠加的非线性效用。协同创新的主要特点表现在两个方面：一是整体性特点，创新生态系统是各种要素的有机集合而不是简单相加，其存在的方式、目标、功能都表现出统一的整体性；二是动态性特点，创新生态系统是不断动态变化的。因此不难看出，协同创新的本质内涵就是企业、政府、大学、研究机构、中介机构和用户等为了实现重大科技创新而开展的大跨度整合的创新组织模式，是通过国家意志的引导和机制安排，促进企业、大学、研究机构发挥各自的能力优势，整合互补性资源，实现各方的优势互补，加速技术推广应用和产业化进程，协作开展产业技术创新和科技成果产业化活动，是当今科技创新的新范式。

协同的实现与高效需要三个前提条件：一个值得相信的承诺，一个有效的工具，一个可接受的协议。很多企业不能建立起一个高度协同的团队，很重要的原因是没有一个值得相信的承诺。在过去的管理理论中，常常把企业看成一个以盈利为目的的组织，企业就是一个利益的共同体。所以，一切的经营目标和管理手段也都围绕利益来展开，在经营层面是成本和收益的核算，在管理层面是把绩效当作唯一指挥棒。以利益为导向表达了一个公司赚钱的渴望，可以满足企业和员工对生存和安全的需要，却无法激发人们对精神层面的追求。而对于高度依赖员工自发创造力的公司，精神的诉求远比利益诉求高得多。企业是社会的基本组织，是一个协同的原点，不管是企业与企业之间，还是企业和人之间，它就是通过协同而存在的，企业的使命就是“一个值得相信的承诺”。利润是企业的目标，使命才是驱动力。全体员工如果拥有了共同的使命，并对这一使命具有高度的认同感，就不需要在管理的细节上面面俱到。企业价值存在于外部，存在于社会责任之中，利润只是企业能否履行社会责任，有无存在价值的衡量指标。同时我们要清醒地认识到，企业本身又是一个有机的生态系统，消费者是最终的服务对象，员工是主体，是这个生态系统能否正常运行的关键，而管理者要扮演的是决策和协调者的角色。因此，在互联网时代，作为企业管理者就要树立整体观念，用“全胜”思想指导管理实践，真正地实现有效的协同和创新，不断焕发企业的生机和活力，数字经济时代使信息的更新和传播速度以指数级提高，传统的自上而下的信息收集、分配、传递和流转机制已经显得陈旧和过时，根本不能满足现代创新企业的发展要求，信息的流转方式从单一的自上而下变成自下而上和横向流转。因此，要设法让信息动起来、让企业组织扁平、让团队变小、让企业更具有柔性，在市场竞争中占领主动与先机。

3.4 平台思维才能实现共享共赢

在数字经济的大背景下，网络已经变得越来越重要了。消费者不再只是一个单纯的服务和产品接受者，而是开始更多地参与到价值创造中来。允许外部参与者协同创造价值的在线平台，正在改写竞争规则。很多互联网企业已经打破了运营商业模式，用平台运行模式创造了企业跨越式发展的神话，企业要么接受这种平台模式，要么承担被超越和被颠覆的风险。

为了能更好地利用互联网提供的有力竞争优势，企业创业者和管理者，应该重新思考他们的商业模式，适当地调整运营方法。重新思考网络时代的商业模式。工业时代使我们习惯于线性的思维模式。从事制造业的公司通过采购并加工原材料，最后将已成型的产品投放到销售渠道中。服务行业通过雇用更多的人来保证供给。传统的模式都是通过在行业内创造新的库存来解决用户需求的。互联网的兴起与发展为我们创造在线平台提供先决条件，这些在线平台允许企业从外部创造新的资源。在传统工业方式缩紧供应和商业运作受阻的同时，平台方式正逐渐替代传统商业模式，形成一个拥有外部协同供应者的良性生态系统。

按照传统商业逻辑和思维习惯，要解决人们出行的问题，就必须生产和销售更多车辆，或者组织更多的车队。但在互联网时代的今天，像滴滴出行这种基于平台的解决方法则是在消费者与那些想要赚些外快的车主之间建立直接联系，是典型的互联思维下的产物。通过共享平台的方式，一个全新的资源供应体系得以创立，也正是基于平台的解决方案，共享单车与共享汽车也应运而生。酒店通过在全球范围内部署新店，来解决游客的住宿问题。爱彼迎作为一家服务型网站，在没有做任何行业内部投资的情况下，通过将拥有空床或是空房间的个人变成业主的方式，在为业主创造价值的同时，解决了旅客的住宿问题，造福了全球的旅客。但平台模式要想顺利展开也存在着一定的困难，因为这些基于平台的企业手里并没有直接可控的资源，就算他们在技术上可能有大笔的投入，最终也有可能因为缺乏稳定的资源而失败。然而，只要平台能够发展到一定规模，通常都会颠覆传统的企业，并创造出全新的消费市场。

在网络时代应该重新思考和定义“工作”的内涵和方式。从传统意义上讲，“工作”含有在体制内进行创造价值活动的意思。

这种对“工作”的看法，是基于当所有人都在同一个体制内工作时，沟通和协作这些工作流程的成本会比较低这一事实。然而，随着互联网和云技术的兴起，使得这种从体制外部获得价值的成本比在体制内更低。因此，在网络时代利用第三方平台“工作”的新方式应运而生，这类平台方式在服务市场的崛起，进一步加快了自由职业经济的增长。通过“云端”带来劳动力的模式正在获得越来越多的关注，同时影响到所有行业的核心和支持性的职能。利用这种分散式劳动力，企业可以在不增加内耗的情况下完成传统模式不可能完成的工作，从而创造新的增长点。互联网平台利用这种方式，创立了一个颇具颠覆性的生态系统，重新组建成一个让生产者和消费者直接相连的平台。手机应用行业正在围绕这种新的标准，进行重组工作。利用这种战略的企业应该对外部的生产者予以应有的奖励。比如，苹果的成功是因为它能提供比运营商更好的收入分成模式，能够在这个已经被颠覆的行业里，重新定义供应商的角色和完成工作的方式。平台模式可以让企业利用外部人才来创造出新的产品，相较于体制内所能创造的产品来说，更为丰富和多样。正如上面通过手机应用行业的例子所表明的那样，利用外部生产者生态系统的优势是内部人员无法复制的。这种平台模式，也可以适用于其他行业，被拿来作为一个颠覆传统的蓝本。

重新思考互联网时代的市场营销。一个产品需要宣传，而广告一直在其中扮演着最重要的角色。但是，广告并不是一个可持续和可扩张的增长战略。[1] 部署广告需要额外投入，事实上还会在某种程度上导致收益额的削减。广告与传统媒体合作，是因为广告本身就非常适合通过像电视、广播和印刷物这样的渠道传

---

❶ 曲婉嫡，钱俊伟，《孙子兵法》与现代营销管理理论［J］．农村经济与科技，2018（6）．

播。互联网，尤其是社交媒体，通常会将广告过去的渠道搬到网络上，来创造更多新的机会和开展长期的和扩张式的增长战略。病毒式营销的崛起让消费者成了企业增长策略的中心所在，每一位消费者也成了潜在的传播伙伴。病毒式营销为有机增长提供了一个可在很大程度上实现规模化的模式。

病毒式营销可以带来非常高的投资回报率，这是众所周知的。然而，在利用新媒体时，不可滥用病毒式营销，简化到只在页面上添加分享按钮即可，否则就会损害了用户黏度。因此，那些成功通过病毒式营销获得增长的公司则至少利用了以下的一或两种策略。创建可以同第三方平台共享的内容：企业通过利用比赛、优惠和其他可以用于分享的内容来让用户广泛传播。媒体自身也要通过创建可分享的内容而发展壮大。成功运用的病毒式营销企业的全部运营业务，都是围绕制造经过优化的可分享式内容展开的。通过在网站上发掘已经具有病毒传播特性的内容之后，再加以重新包装——借鉴过往的研究成果和实际经验，再创造出能病毒式传播的内容。

为用户提供一个能创造可分享内容的平台，不但能够广泛传播视频或项目，平台本身也在传播的过程中获得了曝光，会吸引更多的用户进来。带有社交性质的电商公司会利用类似的策略，让用户创建愿望清单或是收集内容，再与其朋友分享。重新思考互联网时代的人力资源管理。在知识经济时代，如何管理好公司内部的人才，已然成为公司越来越重视的问题之一。然而，当用户开始在在线平台上创造价值，人力资源管理的概念也有必要进一步拓展，思考的框架需要超出公司之外。企业关注用户管理的方式有必要向员工管理的方式看齐。化身成为社区管理者之后，企业也开始把人力资源管理的相关原则应用在用户的身上。和公司内部的员工一样，公司外部的内容制造者在参与过程中也需要获得一定的激励，也需要必要的工具和基础设施来展开行动，也同样需要一个公平的工作环境。因此，在对待用户贡献的内容时，这个平台在对待所有用户创造的价值上也应该有公平对等的模式。

进入互联时代，评判公司竞争力优势的标准也在改变。传统行业将公司的大小看成公司规模的一个重要指标，而规模的新标准，是看基于公司创建平台上的，生态系统的大小。而在这个互联网的时代，一个公司的竞争力将依赖于是否能够成功地利用以上的因素，并依此打造出一个可供用户创造价值的生态系统。

3.5 跨界是一种新的效率整合

跨界思维，就是大世界、大格局、大眼光，用多角度、多视野看待问题和提出解决方案的一种交叉、跨越的思维方式。它不仅代表着一种时尚的生活态度，更代表着一种新锐的世界眼光、思维特质。自由的思想，灵动的思维，创意的眼睛，创新的灵魂。思想自由，则目光如炬，思维灵动，则意到神随。而欲达自由、灵动之境，欲求跨界必先拆除思想的藩篱、打破思维的界限。

灵活运用跨界思维，要求具有丰富的经历，丰富的阅历和综合的知识结构，通则达，不通则不达。跨界思维要求具有全面的复合知识、综合素养和能力，文理兼备复合型管理人才不同于杂家的简单整合，而是一种加入技术后交叉跨越的高度整合，是一种新锐的思维方式。

跨界的主要目的是为了“借智”。跨界最难跨越的不是技能之界，而是观念之界。巴菲特的合伙人查理·芒格，一直推崇跨界思维，盛赞其为“普世智慧”。他将跨界思维誉为“锤子”，而将创新研究比作“钉子”，认为“对于一个拿着锤子的人来说，所有的问题看起来都像一个钉子”，形象地诠释了“大”与

"小"的辩证。"形而下者谓之器，形而上者谓之道。"培养具有鲜明时代特征的跨界思维，首先应该是思维模式的转变。思维跨越没有界限，创新才能永无止境。现在所谓的"跨界"大都是在同一行业内的资源整合，目前的"跨界"都是在文化领域，或者在广告设计行业，而对互联网企业来说，只有敢于打破行业和技术壁垒，才能实现真正的技术跨界。

互联网通过技术手段，解决了信息不对称的问题。从本质上来讲，解决的是"沟通"问题，解决的是"空间""时间""人间（人与人之间）"的信息不对称问题，这会使得沟通效率极速提升。这种提升通过消灭中间环节的方式重构商业价值链。简单来说，商业可以简单分为创造价值和传递价值两大环节。传递价值可以解构为三个流：信息流、资金流、物流。互联网通过自身的效率，缩短或者重构"传递价值"的商业价值链。所有建立在信息不对称基础之上的效率差，都将被逐渐打破。第一波被挑战的是以"信息中介"为代表的传统媒体，以及依赖于传统媒体的衍生行业，比如传统广告、传统公关。第二波就是零售行业，沃尔玛等零售商不是被淘宝、京东等电商平台所打败，而是被一种新的业态所打败。第三波又席卷至金融行业，余额宝出现后，支付宝不再是中间工具，而是变成了资金池。

一切基于信息不对称的环节都将逐渐被淘汰，或者边缘化。本质上看，信息流、资金流和物流大部分是传递价值，以今天的视角来看，以往这些渠道分走的利润过高了。当传递价值被重构之后，互联网将真正地进军传统产业，重构商业的源头，创造价值端。未来，互联网这种如同龙卷风般的变革将会颠覆所有存在信息不对称和低效点的产业与价值链环节。这势必会对那些用户需求得不到很好满足、效率低下、交易成本过高的行业和企业带来巨大的危机。互联网金融之于银行，电商之于零售，在线教育之于线下教育，视频网站之于电视台……新的力量入侵，撬动

"旧势力"看似牢固的格局。这是当下每时每刻都在发生的新商业革命。

互联网之所以能够颠覆传统行业是因为从工具到思维，从产品到人才，互联网企业都比传统企业的效率高得多。互联网颠覆本质上是对传统产业核心要素的重新分配，是生产关系的重构，从而提升运营效率和结构效率。所以，对于互联网企业来说，抓住传统行业价值链条的低效环节，用互联网工具和互联网思维，去改造和优化，就有机会赶超。在未来相当长一段时间里，互联网吞噬与重塑传统行业、互联网巨头之间的跨界与颠覆将会争相上演，成为新时期互联网发展的主旋律。

3.6 互联网把世界连成一个整体

人类创造了互联网，互联网也深深地影响着人类社会，正如一些教育家所预言："互联网携带着自己特有的价值和意义，渗透到人类活动的每一个角落，并以特有的力量支配着人类的行为和观念，它无所不在、万象纷呈，构成人间迷人的现象。"网络是一个无穷无尽的文化信息源，它具有信息量大、传播速度快、交流互动性强和影响范围广的显著特点，使人们的行为和观念悄然发生着深刻的变化。

信息技术的共享性使文化作为无形的资产扩散到各地，使每个网民受益，达到"文化增值"的作用，也显示了文化自身的价值，激发了人类创新意识和探究未知的信心。网络是一部百科全书式的的资源，一旦进入网络世界，即能在知识海洋中尽情遨游。互联网已成为信息的传播基地，为人类提供了前所未有的创业机会，互联网的出现推动了电子商务的发展，各种组织可以通过互联网有效组织起来，互联网正在改变人类的文化交流方式。此外，互联网上有着丰富的历史资料和文献，各种素材应有尽有，同时改变了视频存在的目的和分发手段。

当今世界，网络信息技术日新月异，互联网正在全面融入社会生产和生活各个领域，引领了社会生产新变革，创造了人类生活新空间，带来了国家治理新挑战，并深刻地改变着全球产业、经济、利益、安全等格局。互联网正在成为影响和加速人类历史发展进程的重要因素，成为推动全球创新与变革、发展与共享、和平与安全的重要议题。把握互联网发展趋势，深化互联网应用，加强互联网治理，才能让互联网更好地服务人类社会。互联网将世界联系在一起，并且深刻地影响和改变着世界。

互联网将成为全球产业转型升级的重要助推器。互联网正在为全球产业发展构建起全新的发展和运行模式，推动产业组织模式、服务模式和商业模式全面创新，加速产业转型升级。众包、众创、众筹、网络制造等无边界、人人参与、平台化、社会化的产业组织新模式将让全球各类创新要素资源得到有效适配和聚合优化，移动服务、精准营销、就近提供、个性定制、线上线下融合、跨境电商、智慧物流等服务将让供求信息得到及时有效对接，按需定制、人人参与、体验制造、产销一体、协作分享等新商业模式将全面变革产业运行模式，重塑产业发展方式。互联网构建的网络空间，将让产业发展更好地聚集创新要素，更好地应对资源和环境等外部挑战，将推动全球产业发展迈入创新、协调、绿色、开放、共享的数字经济新时代。

互联网将成为世界创新发展的重要新引擎。互联网已经成为全球技术创新、服务创新、业态创新和商业模式创新最为活跃的领域，互联网企业正在成为未来全球创新驱动发展中最为广泛、最为耀眼、最为强劲的创新动能源泉，将成为全球技术创新、产业创新、业态创新、产品创新、市场创新和管理创新的引领者。人口、资源、市场等驱动国家发展的传统红利要素，正在全面让位于互联网创新发展的红利，互联网创新将成为推动世界持续发展的重要新动能，将带领人类全面跨入创新发展的快车道，创新、智能、变革的社会正因为互联网创新加速到来。

互联网将成为造福人类的重要新渠道。科技改变未来、科技让生活更美好，正在因为互联网发展而得到广泛普及。互联网促进了开放共享发展，泛在化的网络信息接入设施、便捷化的“互联网+”出行信息服务、全天候的指尖网络零售模式、“一站式”旅游在途体验、数字化网络空间学习环境、普惠化在线医疗服务、智能化在线养老体验、无时空的网络社交娱乐环境等将全面点亮智慧地球，开启人类智慧生活新时代，将极大地促进国家、区域、城乡、人群等的协调、开放和共享发展，促进世界发展成果更好地惠及全人类。

互联网将成为各国治国理政的新平台。“指尖治国”将成为新常态，“互联网+”政务服务、移动政务、大数据决策、微博、微信、脸谱、推特等的广泛应用将深刻改变政府传统运行模式，构建起网络化、在线化、数据化和智能化全天候政府，精准服务、在线监管、预测预判、事中事后处置、网络民意调查等能力全面提升，不仅创新了宏观调控、社会管理、公共服务和市场监管模式，更能促进国家治理体系和治理能力现代化。

互联网将成为国际交流合作的新舞台。互联网正在开启一个大连接时代，网络让世界变成了“鸡犬之声相闻”的地球村，相隔万里的人们不再“老死不相往来”。互联网服务已经成为国际交流合作的重要桥梁，不仅让不同国家、区域、民族、种族和宗教等的人群文化交流和业务活跃起来，更是开启了一个新的世界外交时代。资源外交、市场外交、金融外交、军事外交等时代正在成为过去，以人为本、以服务发展为宗旨的互联网服务外交、互联网企业家外交的时代将全面开启，世界交流合作正在因为互联网而变得紧密而和谐。

互联网将成为国家对抗的新战场。互联网和经济社会的融合发展让网络空间成为了各国经济社会活动的重要新空间，许多国家都将网络空间视为继领土、领海、领空、太空之后的第五战略空间。随着经济社会活动向网络空间的延伸，未来网络空间承载的经济社会和国家安全价值将越来越大，谁率先掌握了网络空间规则制定权，谁就能赢得未来发展的主导权。网络空间正在深刻地影响着国际关系，未来各国围绕网络空间的争夺将会变得更加激烈。和平与发展是世界未来之大势，加强国际互联网治理，尊重网络空间主权，维护网络空间和平安全，减少网络空间摩擦，寻求网络空间利益共同点，建立网络空间新型大国关系，构建网络空间命运共同体，将成为未来世界谋求新发展共同的呼声。

互联网将成为国际竞争的新利器。互联网互联互通，网络没有国界，受各国政策壁垒影响较少，全球化的互联网服务将成为一国参与国际竞争的重要利器。互联网服务输出将成为数字经济时代一国构建国际竞争力的重要手段，网络服务将成为互联网发达国家对不发达国家进行政治渗透、经济渗透和社会动员的重要手段，国家之间政治、经济、社会、军事等各类竞争越来越离不开互联网。只有建立和完善网络空间对话协商机制，研究制定全球互联网治理规则，使全球互联网治理体系更加公正合理，更加平衡地反映大多数国家意愿和利益，才能更好地促进各国的竞争与合作，才能更好地构建公正合理的国际政治经济新秩序，才能更好地促进世界共同发展和共同繁荣。

互联网将开启信用社会发展的新序幕。互联网正在为经济社会发展构建一个网络化、在线化、数字化的运行空间。与互联网相关的各类经济社会活动均在网络空间中用数字形式保存了下来，全程记录、处处留痕、事后可溯等模式将让网络经济时代经济社会活动更加可溯、可治、可信，个人信用、企业信用等信用信息将变得可实时化采集和综合化分析利用，信用成为网络经济时代最为宝贵的财富，基于信用的经济社会活动将更加全面普及。

互联网安全将成为人类面临的共同挑战。互联网为人类社会构建了全新的发展空间，随着网络空间成为人类发展新的价值要地，网络空间安全问题日益突出。网络攻击日趋复杂，网络黑客呈现出规模化、组织化、产业化和专业化等发展特点，攻击手段日新月异、攻击频率日益频繁、攻击规模日益庞大，各类网络攻击事件对全球经济社会发展造成的影响越来越大。网络犯罪日益呈现出分工精细化、利益链条化、操作专业化等特点，社交软件已经成为网络犯罪的重要工具和阵地，网络犯罪率持续递增，影响越来越大，已经成为许多国家第一大犯罪类型。重大网络数据泄露事件频繁发生，社会破坏性越来越大，对保障个人隐私、商业秘密和各国安全都造成了极大影响。网络恐怖主义加速蔓延，恐怖主义利用互联网内外遥相呼应，对各国安全造成了巨大挑战。另外，随着互联网向物联网领域的拓展，网络安全问题会延伸到了经济社会各个领域，未来网络安全问题将无处不在。加强网络空间治理，打击网络犯罪和网络恐怖主义，携手共同应对全球网络安全问题，将成为未来世界共同发展的重要议题。

第4章 辩证思维

4.1　守正才能出奇

《孙子兵法》精华之一就是处处体现着对立统一的规律。这种对立统一规律是一种典型的辩证思维和哲学思维。因此，《孙子兵法》不仅是一本军事著作，还是一部处处体现着对立统一规律的哲学著作。这种对立统一规律从战略上讲主要体现在“力与谋、利与害、全与偏、势与节、常与变”五个方面，在具体的战术操作层面表现为“守正出奇”。

4.1.1　正确认识五种对立统一关系

力与谋的关系。所谓力与谋的关系是指力量与谋略的关系，也可以看作实力与智慧的关系。《孙子兵法》认为“上兵伐谋”，是非常注重谋略运用的，但是这种谋略的运用是有条件的，如果仅仅视《孙子兵法》为讲求谋略的著作，显然没有对《孙子兵法》进行整体性的认知与把握。

《孙子兵法》讲谋略，但更强调实力。要战胜敌人，保证事业的成功，首先要做大、做强自己，立于不败之地，而不放过打败敌人的机会。“胜兵先胜而后求战”，才是它真正的本意，谋略和实力是不能割裂的，实力从哲学角度来说就是客观存在的，但作为战略决策者和指挥员，应该发挥主观能动性，在尊重客观实际的基础上，尽可能发挥主观能动性，两者不可偏废。

如果没有谋略实力就是一潭死水，有了谋略就可以“发电”“推磨”，成了活水，两者不可偏废。“巧妇难为无米之炊”，鸦片战争和甲午海战时，并不是所有的将领都不懂《孙子兵法》，之所以打败仗，是因为实力平台不一样，是封建落后的农耕文明与近代西方先进工业文明抗衡。谋略只有军事实力提升到一定程度才能起作用。例如，田忌赛马，用上等马对中等马，用中等马对下等马，用下等马对上等马，比赛结果是输一局赢两局，这说明谋略是有用的。当双方处于一种军事平衡的状态时，谋略能打破这种平衡，起到四两拨千斤的作用，成为压垮骆驼最后一根稻草。但是如果已方三匹马都是下等马，不管怎么组合，最后的比赛结果一定是全盘皆输，这就恰恰说明实力和谋略之间的关系。

利与害的关系。“祸兮福之所倚，福兮祸之所伏”“塞翁失马，焉知非福”都正是说明了“利与害”的关系。孙武强调，任何事物都是利害相杂，有利必有害。世上万事万物都是利与害的统一体，没有单纯之利，也没有单纯之害。在得到“利”的同时要接受它的“害”，把害排除了，利也就不存在了，就像一个铜钱的正反两面。最好的东西也有不利的一面，最坏的东西也有好的一面。作为战略决策者，关键是驾驭利害的智慧，搞清楚哪些是根本的利，哪些是枝节的利；哪些是全局的利，哪些是局部的利；哪些是眼前的利，哪些是长远的利。以追求长远的、根本的、全局的利为宗旨，作出恰当的取舍，以求达到利益最大化。

全与偏的关系。“不战而屈人之兵”就是全胜战略，孙武所追求的求全战略只是理想上的一面旗帜，只是为了更好地站在道德、政治、军事的制高点上，求全在真正战略实施中必须剑走偏锋。因为求全做事情必会拖泥带水，考虑事情必会瞻前顾后、患得患失，处理问题必会投鼠忌器、优柔寡断，不能大刀阔斧一步到位，这个是很大的问题。因此，孙武认为，“不战而屈人之兵”只是一面旗帜，真正的关键是要懂得“舍得”的道理，放弃部分才能真正得到自己想要的整体，理想和操作一定要分开，找重点，找关键，善于找到剑走偏锋的突破口，不要面面俱到。

势与节的关系。这里所讲的势与节的关系实际上就是“度”的问题。无论是力量与智慧的平衡问题，利与害的分析把握问题，还是全与偏的取舍问题，关键在于度的把握，孙武在这方面理解最深刻。在第八篇《九变篇》里孙武说，一个将帅最容易犯的颠覆性、致命的错误有五种，并且每一种都是导致将帅身败名裂、国家灭亡、军队覆灭的重大错误。第一种，将帅打仗不怕死；第二种，打仗时候将帅不做无谓牺牲，善于保全；第三种，将帅打仗时有激情；第四种，将帅廉洁奉公；第五种，将帅爱民如子。从常理上看这五种情况都是优点，而孙武认识问题的深刻之处在于能够从正常当中反省不正常，在合理当中找到不合理。好的优点，大家都会肯定、强调、推动，就容易推到极端，走向反面。所以孙武强调“节”，把握一个“度”，真理过了一步就成了谬误。

常与变的关系。这里所说的“常与变”与儒家讲的“经”和“权”的关系是一样的，“经”就是原则性，“权”就是灵活性，通权达变。《孙子兵法》强调“常”，就是原则性，指那些用鲜血和生命换来的军事原则、军事经验；“变”就是这些原则、经验在新的历史条件下结合新的对象、条件，灵活变化，应变制胜，

“能因敌变化而取胜者，谓之神”。儒家和兵家侧重点不一样，儒家侧重前面的“经”字，即更强调原则性；兵家既强调原则性更强调灵活性，重心在后面的“变”字，两者既有联系也有差别。

这个关系告诉我们稳定和变化是对立统一的。现在都在追求变化，中国落后的时间太长，追求高速的发展、高速的变化本无可厚非。但是如果一味地强调变化和发展也是有问题的，有时候也需要稳定，需要沉淀，需要积累，需要反思，需要传承，两者不可偏废。光强调变化，而忘了稳定，那就会有问题，没有稳定就谈不上变化。不坚持原则不行，但是没有灵活性更不行。这就要求我们能够做到尊重传统和开拓奋进之间的有机统一。

没有传统、没有文化的民族是没有希望的民族，是没有根的民族，“文革”对我们国家最大的伤害是在中国文化传承上出现了问题，现如今国家大力提倡文化自信就是重拾民族自信心，重新回归传统，弘扬传统，使大家有敬畏之心、是非之心、感恩之心，而不一味地强调功利之心。弘扬国学并不是让小孩子戴着瓜皮帽，穿着小马褂，摇头晃脑地念《三字经》《弟子规》，这不是敬古，而是复古，是倒退。《孙子兵法》作为中国国学的重要组成部分，对我们最大的帮助，不是具体地教会我们怎么去打仗，而是学会它的辩证思维，以更加开阔的视野，站在更高的高度，自如应对各种复杂的情况、形势，牢牢把握主动权，在复杂的挑战面前，步步前行，实现自己的人生理想和国家的战略目标。

4.1.2　守正出奇融合创新

兵贵用奇，奇由正生，无正难以求奇。孙武在《兵势篇》中说：“战势不过奇正，奇正之变，不可胜穷也。奇正相生，如循环之无端，孰能穷之哉。”因为在作战中只有正兵而没有奇兵，阵势虽严整，却不能对敌人发动突然袭击，因而无法直接取胜；只有奇兵而没有正兵，攻势虽然很凌厉，而无可依靠的钳制力量，也难以战胜敌人。在战场上，尽管正奇相生，变化无穷，但是其立足之处都是以我之奇击敌之虚，以我之正对敌之实。然而军事家对奇正之具体运用，却千变万化，奥妙无穷。因此唯有善出奇击虚者，才能真正领悟奇正变化的要旨。

对于互联网来讲，用“守正出奇”是发展用户，把用户服务做到极致。通过融合多种创造用户价值不同的方式，来创造价值，此谓“融合创新”。时刻紧盯着用户的需求，关注用户的资产情况，并通过不断地创新服务能力来提高对用户的服务水平，以达到“守正出奇”的效果。

关注用户需求规模。互联网和传统行业的结合越来越紧密，有时候不能单独地看互联网行业，还要看很多传统的行业，传统的用户需求，在哪些需求领域有更大的空间。现在很多互联网公司解决的不仅仅是互联网需求，还有很多是传统的需求。对于互联网经济而言，无疑仍处于高速发展阶段，像移动支付、电子商务、网络游戏、网络广告，最近这几年整体而言还是保持非常高速的增长。对于移动互联网相关的领域而言，增长得更快。据预测，移动支付、移动广告、网络购物、网络游戏等未来三四年的平均增长率还是非常高的。因此，对于一个互联网公司来说，用户的规模是资本估值的重要支撑。

关注用户的活跃度和信息有效率。除了用户的数量规模之外，更要关注用户的活跃度，活跃度来自于日活跃用户数量以及日活跃的时间，这两个数据结合起来表明在用户面前，信息内容展示了多少的时间。通过信息能够改变用户消费行为的有效率、表达和传递的信息是否实用。判断的根据主要三个方面：第一是社交信息、社交网络；第二是搜索；第三是传统媒体。这种信息的实用性对于不同的媒体来讲也是有一定差异的。对于信息的便利性也是非常重要的参考依据，尤其是互联网媒体。很多互联网媒体加大对导航网站和搜索引擎的投入，其目的就是想从这些媒介获得更多的用户群的支持。对于移动互联网来讲，设法为用户更加方便地获取信息提供便利，比如说谷歌的操作系统，智能手机通过提升手机的便利性而树立他们整个市场的定位，出发点都是为了使用户越来越便利。

不断地创新服务能力，为互联网公司不断注入新的活力。创新服务能力是影响互联网公司的重要因素。有新产品带来的机遇，比如移动互联网、大数据；有新营销带来的机遇，比如社会化营销、精准实时营销；有新渠道带来的机遇，比如电子商务、扁平化渠道。小米公司只是通过自己的电商渠道就能够快速带来大量的销售额，这也是属于新时代下的新变化。新的供应链带来了新的销售方式，因此，从产品和公司运营的多个方面都有很多新的机遇。这些机遇也是整个用户满意度的组成部分，创新服务做得越好，用户满意度越高。从某种意义上来讲，互联网企业的本质就是为客户创造价值，可以用三个指标进行衡量，那就是公司为客户解决了什么需求？有多少核心用户？服务解决有多好？这也可以成为衡量创新服务能力的核心标准。互联网跟传统企业之间在资本评估阶段的差异性其实不大，所有公司存在的价值都是一样的，就是要为你的客户创造价值。

互联网产业经历了概念阶段和爆发阶段后，将进入高速的融合发展阶段，互联网公司将越来越多地去融合传统产业的一些服务理念。对于互联网的融合来说，大家比较容易理解的是互联网融合各种各样的渠道，4P 营销中有一个是渠道，第一融合的是虚拟产品的渠道，包括网络游戏、充值等服务，只要和数字有关的，这些都是比较容易融合的。第二是物理产品渠道，就是一件商品通过物流运过去，包括书、家电各式各样的物理产品，几乎都可以快递到家里。第三类是近些年开始逐渐被大家重视的 O2O 模式，是以生活类的服务为主的，整个互联网产业会逐渐融合各个渠道。

对于互联网产业融合的产品或者说融合的产业来说，也会因为渠道的改变而发生改变。第一，产业的数据化，产业数据化越强的行业越容易被颠覆。金融是一个很大的产业，支付宝、余额宝已经改变了传统基金业。虚拟运营商的牌照增发，使通信产业也会被改变，因为这些核心的产业基本上是来自于数据化。第二容易被颠覆的是产品标准化，比如说手机，苹果、小米等，国内的小米电视机一上市很快就被抢光了，甚至像特斯拉这样的新能源汽车行业都被颠覆。改变比较弱的是那些比较依赖服务的产品，而不是标准化物理形态的产品，本地化生活、餐饮，各种各样的服务业都是属于这样的类型，因为需要人为提供切身的服务。但互联网行业会逐渐渗透到这样的领域。互联网公司未来不止是互联网公司，而是一个融合多种服务的公司。

在产业融合过程，没有所谓的互联网公司，也没有所谓的传统企业，所有公司都站在一条水平线上。对于公司来说，竞争的核心力有两个方面，第一是规模和黏性用户，第二是能够研究出用户需求的独家数据。这两个方面是产业融合过程中最重要的两大核心竞争力。互联网产业的发展必须把握平台、数据、金融三个重要的战略方向。要注重用户平台建设，大力提升搜集各种各样数据的能力，改善融资赚钱的方法，提高金融变现速度，从而提高资金利用率。

企业的发展除了利用好外部成长条件外，深入挖掘企业成长的内部动力也是企业成长的关键因素。人、信息、资源是衡量企业内部动力三个决定性因素。“守正出奇，融合创新”，拥抱互联网，成为时代的宠儿。“守正出奇”对于互联网企业来说是发展用户，把用户服务做到极致。“融合创新”是我们要融合多种创造用户价值不同的方式，来为自己的公司创造价值。

4.2 避实击虚袭击对方的软肋

避实击虚是《孙子兵法》的一个重要军事原则。在《孙子兵法》中论述最多的是虚实。孙武认为，无论敌我，有实就有虚，有虚就有实，虚与实是相互依存的。既没有无虚之实，也没有无实之虚。虚中有实，实中有虚，虚可变实，实可变虚，这就为隐蔽企图、巧饰伪装、兵不厌诈提供了条件和基础。如果虚中不能有实，实中不能有虚，虚不能变实，实不能变虚，就不会出现虚虚实实、真真假假的局面，也就失去了用“诈”的可能与机会。

虚与实是一组相对的概念。找到虚就易寻找到“易胜”之点，击虚即攻击易打之敌，自然易胜。研究避实击虚，就是为了寻找“易胜”之点。每个企业都有“易胜”之点，都有企业之虚，互联网企业也不例外。企业自身存在的弱点、不足和缺陷，就是企业之虚，就是“易胜”之点。企业如果能够认识到自身存在的弱点、不足和缺陷，瞄准“易胜”之点，有的放矢地击虚，在现有资源不变的条件下，不仅可以健康发展，有的甚至可以实现效益翻番。

避实击虚是《孙子兵法》中心思想的重要一条。避实击虚在书中提到次数之多和说明之具体，都说明这一思想的重要性和应用价值。但在《孙子兵法》十三篇中没有一篇是专门研究这一思想的，而是融于各种策略的论述之中。这也就意味着它的地位已不再是一种纯粹的策略，而是作战的宗旨性内容。

战争是政治斗争的升华，究其原因发动战争就是政治利益冲突，双方都需要通过战争的方式来维护自己的政治利益。那么，既然战争是为了夺取政治利益，这说明战争的终极目标不是取胜，而是维护和争取自己的政治利益，说明取胜并非终极目标。因此，最成功的战争是以自己最小的损失换取最大利益，避实击虚就能达到这个目的。避实击虚的指导思想就是避开坚实强大的力量，攻击薄弱部位，这种思想不仅可以使用在战场上，还可以用在政治和外交等各个方面。历史上有许多外交大臣通过使用权术和谋略达到使敌退兵的目的，这也是避实击虚策略的灵活运用。只不过进攻的是政治目标，但同样能达到政治目的。总之，避实击虚运用得当能带来很大的胜算，这就是智者先胜而后求战的思想。

避实击虚策略是宗旨性的指导策略，要想真正地为我所用，必须深谙其中的要义，分清虚与实。如果不明真相，生搬硬套，很可能会陷入敌人布下的骗局，陷入被动之中，反而受制于人。因此，任何一个计谋都有其科学性，即使读懂了计谋，还须灵活运用，否则会弄巧成拙，成为后人的笑柄。

战争的胜败可以预料但不能强求，避实击虚的应用还要看将领对此计的领悟与运用的灵巧程度。首先要正确认识和把握"虚""实"的关系，夺取战争的主动权，即"致人而不致于人"，灵活用兵，因敌制胜。孙子认为，两军对垒过程中要设法使敌人暴露，而我军不露痕迹，这样我军兵力就可以集中，而敌方兵力就不得不分散，从而造成我众敌寡的有利态势，能做到以众击寡。实现这一目标的重要原则是隐蔽我军的主攻方向，迫使敌人分散兵力，顾前不能顾后，顾左不能顾右，彻底陷入被动挨打的境地。中国历史上，从来不乏以弱胜强的战例，其中三国时期的官渡之战就是通过运用"避实而击虚"的手段实现以弱胜强的典范。当年曹操以不满一万之兵对抗袁绍十万之敌，胜在奇袭乌巢，烧掉了袁绍的粮草，一举奠定胜局。

避实击虚，扬长避短，是兵家之道，也是企业竞争至胜的要诀。许多日本企业把孙子的兵家之道演绎成经商之道，驾驭虚实的本事可谓轻车熟路，虚实之策运用得非常成功。享有"经营之神"美誉的松下幸之助曾言，聪明的商人会想，一根绣花针除了缝衣，还能干什么，或者是人们还要用它来做什么。盛田昭夫的企业经营之道像用兵那样乘市场之虚而入，所创造的“索尼神话”便是用一系列的首创占据市场空缺而诞生的。还有很多企业避开市场竞争主战场，独辟蹊径，开辟无人涉足的细分市场，一举获得成功。总部位于日本京都市的任天堂株式会社，原是一家生产扑克牌的小公司。该公司独辟蹊径开发出普及型家庭游戏机，打开日本市场，后又推出适合美国家庭的游戏机，开辟了美国市场，而后席卷欧洲市场，成为世界领先的互动娱乐公司。市场往往是实中有虚，虚中有实，实实虚虚。日本九州食品公司为避免市场饱和之实，除在产品、促销、销售渠道、价格等方面虚实结合，在市场饱和情况下，拓展了市场，取得好的效果。虚实之间还要善用疑兵，误敌制胜，这一谋略被众多日本商人运用于经营实践之中。卡西欧公司避开与精工表的正面交锋，采取迂回战术，在技术领域中“善出奇”，在同行业竞争中脱颖而出。正当世界服装市场出现高档化、时装化的趋势时，被称为日本“第三代经营之神”的优衣库创始人柳井正却看到了潜在的商机，推出“造服于人，平价优质的休闲服”，即穿着舒适、老少皆宜、做工讲究的生活服装，在世界 11 个国家建立跨国生产销售公司，开办了 2200 多家店铺，成为日本制衣业的首富，连续两年荣获日本最佳企业称号，他的成功被日本业界称为“颠覆日本传统服装零售业”。在日本，当酒吧、酒廊因为过分竞争而趋于“同归于尽”时，商家们运用《孙子兵法》，独辟蹊径，推出价钱便宜的“平民酒吧”“开放型酒吧”、女性顾客可以进入的“情侣酒吧”。日本商家还很重视店面的宽度，别出心裁地把柜台分成几部分，精心推出志同道合者的“聚合酒吧”。

4.3 以逸待劳方能事半功倍

以逸待劳是指在作战争中采取守势，养精蓄锐，让敌人来攻，然后乘其疲劳，战而胜之。要迫使敌人处于困顿的境地，不一定要直接出兵攻打，而是采取“损刚益柔”的办法。“损刚益柔”之法主要包括三个方面的内容：士气、军心和战斗力。首先，要善于掌握士气。对于敌人的军队，可以设法使其士气低落；对于敌人的将领，可以设法动摇他的心志。军队的士气在初战时饱满旺盛，经过一段时间后就会逐渐怠惰低落，最后就会彻底衰竭，因此善于用兵的人，要设法避开敌人的锐气，等他怠惰疲惫、士气消沉的时候再去攻击。其次，要善于把握军心。以我军的严整来对待敌人的混乱，以我军的镇静来对待敌军的喧哗。最后，要善于把握战斗力。以我军靠近战场的优势来对待敌军远道而来的劣势，以我军的安逸修整来对待敌军的奔走疲劳，以我军的粮草充足来对待敌军的饥肠辘辘。相反，在作战中需掌握灵活应变的方法，不截击旗帜整齐、部署周密的敌人，不攻击士气旺盛、阵容严整的敌人。

两军对垒时总是逸者胜，劳者败，从中可以掌握克敌制胜的法宝，那就是创造条件使己逸，使敌劳。以逸待劳之计主要强调，要想使敌方处于困境，不一定要一味地进攻，关键是掌握主动权，积极调动敌人而不被敌人所调动，以静制动，以不变应万变。管仲治国备战，孙膑马陵道伏击庞涓，李牧大破匈奴的事实，都充分证明调敌就范、以逸待劳是“无有不胜”之法。

战国末期，秦国少年将军李信率二十万军队攻打楚国，开始时，秦军连克数城，锐不可当。不久，李信中了楚将项燕伏兵之计，丢盔弃甲，狼狈而逃，秦军损失数万。后来，秦王又起用已告老还乡的王翦。王翦率领六十万军队，陈兵于楚国边境。楚军立即发重兵抗敌。老将王翦毫无进攻之意，只是专心修筑城池，摆出一派坚壁固守的姿态。两军对垒，战争一触即发。楚军急于击退秦军，相持年余。王翦在军中鼓励将士养精蓄锐，吃饱喝足，休养生息。秦军将士人人身强力壮，精力充沛，平时操练，技艺精进，王翦心中十分高兴。一年后，楚军绷紧的弦早已松懈，将士已无斗志，认为秦军的确防守自保，于是决定东撤。王翦见时机已到，下令追击正在撤退的楚军。秦军将士人人如猛虎下山，杀得楚军溃不成军。

三国时，吴国杀了关羽，刘备怒不可遏，亲自率领七十万大军伐吴。蜀军从长江上游顺流进击，居高临下，势如破竹。举兵东下，连胜十余阵，锐气正盛，直至夷陵、猇亭一带，深入吴国腹地五六百里。孙权命青年将领陆逊为大都督，率五万人迎战。陆逊深谙兵法，正确地分析了形势，认为刘备锐气始盛，并且居高临下，吴军难以进攻。于是决定实行战略退却，以观其变。吴军完全撤出山地，这样，蜀军在五六百里的山地一带难以展开，反而处于被动地位，欲战不能，兵疲意阻。相持半年，蜀军斗志松懈。陆逊看到蜀军战线绵延数百里，首尾难顾，在山林安营扎寨，犯了兵家大忌。时机成熟，陆逊下令全面反攻，打得蜀军措手不及。陆逊一把火，烧毁蜀军七百里连营，蜀军大乱，伤亡惨重，慌忙撤退。陆逊创造了战争史上以少胜多、后发制人的著名战例。

从以上这两个著名的战例中，我们不难看出，让敌方处于困难局面，不一定只用进攻之法。关键在于掌握主动权，伺机而动，以不变应万变，以静对动，积极调动敌人，创造战机，不让敌人调动自己，而要努力牵着敌人的鼻子走。因此，绝不能把以逸待劳的“待”字理解为消极被动地等待，其中也包括在等待中主动创造可胜的战机。

4.4 免费也是一种新的盈利模式

企业是以盈利为主要目的，作为互联网企业这种属性也毫不例外，但是却出现了免费的商业模式，而且是一种主流的营销模式，免费与盈利之间的逻辑关系正是辩证思维在互联网时代的发展与运用。在互联网的世界里，对于一些企业而言，赚钱的秘密就是免费，它所代表的是数字化网络时代的商业未来，这种商业模式既可以统摄未来的市场，也可以占领当前的市场，有些企业就是运用免费策略，从而获得了巨额财富。这种商业模式具有得天独厚的优势，利用免费模式下积累的用户迅速占领市场。该怎样理解免费模式？免费模式靠什么赚钱呢？其实质就是用免费并且有价值的东西来获取精准客户，然后通过后端开发客户的终身价值来获取巨额的回报，腾讯给大家免费提供聊天工具和游戏，百度免费提供搜索引擎，阿里巴巴免费提供线上店铺。微信不是一个以盈利为主的软件，除了流量的需求以外，基本上就没有其他的收费项目，然而微信却间接地给腾讯带来了巨额财富，因为微信更多地注重人与人之间的通信，这就使微信的用户非常多，并且遍及各个年龄阶层，而腾讯旗下的其他产业，也可以通过这样一个平台得到充足的用户量，其实他们的盈利都是在后端。由此可见，真正能够赚钱的大企业都会更加看重客户的终身价值。所谓的免费就是在消费者最关注的地方免费，而在消费者不太在意的地方收费。

免费需要金字塔结构，金字塔结构会让企业的模式丰满起来，顶级产品是要做品牌、树立形象的，而且会给人留下美好的印象，而消费低端产品的人，只要习惯用某企业的产品消费也会跟着往上走，因为人的消费水平在不断提高。把产品卖出高价值与免费模式并不矛盾，如果一家企业的产品结构是金字塔形的，底端应该是尽量免费或者是接近成本价，这是获得更多消费者的最佳途径，因为门槛低才能容易吸引更多的客户。免费模式特别需要多个层次共存，比如腾讯用免费的服务把人招进来之后，提供很多需要付费的增值服务，而这些服务是有层次的，是个金字塔结构。免费有个重要的原则，就是把选择权交给客户，使消费者的利益最大化。企业常用的免费模式分为两类，第一类取决于互联网的爆发式发展，不断创造实体；第二类是广告式的免费体验。比如在台湾有一家蛋糕店，开店伊始所有人来这家店吃蛋糕都是免费的，但唯一的条件是吃完后写一份心得放到网上，结果网上评论迅速扩展。通过真正体验过的人写出来的真实感受，很快成为大卖的网红产品，运用免费模式打开销路也要求货真价实，真正维护客户，才有利于吸引粉丝和拓宽消费群体。

免费模式的运用，既要符合公司的整体战略和经营体系，又要满足用户价值，同时具备整合资源的巨大能量，如果战略资源、客户资源以及其他合作伙伴资源没有整合好，那免费就不是一个有利的模式。免费是商业行为，是未来的一个发展趋势，如果不能很好地把握这个趋势，最终肯定会被淘汰，不管哪个行业都不能因循守旧。免费其实是最贵的，也是最有价值的，免费不等于白送，免费不是不要钱，而是一种吃亏利他的思维方式，只要你的活动有驱动力，只要能吸引客户的眼球，并能让客户达到冲动消费的结果都是最好的免费模式，白送的不一定被客户认可，所以在设计免费模式的时候，千万不要进入免费的误区，降低了自己品牌和利润。

免费是最好的营销方式。每个人都会记得第一次接触互联网时的那种震撼感：有丰富多彩的信息和软件，绝大部分都是免费的，聊天免费、搜索免费、电子邮箱免费，包括我们搭建网站用到的各种数据库，各种编程语言，不仅免费而且开源。在免费模式的推动过程中，我们慢慢会明白什么模式应该全免费，什么模式应该半免费，什么模式其实没有必要免费。

互联网经济是免费的经济。因为互联网开发产品的成本大体固定，而通过互联网将产品传递到用户手里的费用非常低，接近于零。因此，一项互联网产品或服务的用户基数越大，分摊到每个用户上的成本就越低，也趋近于零。互联网企业所有的商业模式，都基于海量的用户基数，通过设计增值服务向一部分用户收费；或者设计广告的模式，让大部分的用户都看到。从营销角度讲，你在每个用户身上花 0.25 元，让他每天开机就能看到你，如果做得好，他还自愿去给你做宣传，这是很低的营销成本。

免费是最好的营销手段。它不需要花很多的广告去做推广，本身就能形成口碑。你想一想，如果你手里有 1000 万元，在中国打一个广告连个响儿也没有，还不如花 1000 万元做一个免费的产品，送给几千万用户。这几千万用户用了该产品，就建立了对该品牌的认知、忠诚和信任，这比花费 1000 万元做广告有效得多。要知道，最大的壁垒是品牌，而不是技术或者专利。微软曾经发起一项搜索盲测，试图证明必应的搜索结果不比谷歌差，但由于没有形成鲜明的差异化，大家说起搜索，第一个想到的还是谷歌。

免费也是一种有效的竞争手段。360 推出免费杀毒软件，用户量一下子暴涨。竞争对手的用户基础在快速流失，收入在迅速缩减，团队分崩离析。360 通过“革自己的命”做免费杀毒，每年损失卖杀毒软件赚的 1.8 亿元左右的收入，最终杀出了一条道路出来。这就是“地在人失，人地皆失；地失人在，人地皆得”的道理。

免费的力量不可阻挡。互联网的核心就是资源共享，免费是互联网的历史潮流，不可阻挡。互联网高速发展的这十年中，因免费而成功的案例比比皆是。谷歌一直是免费策略的倡导者和实践者，先后把图书馆资料检索、邮箱、地图、照片管理、办公软件等服务都免费了，结果成了全世界最大的互联网公司。而在国内，巨人、盛大的“游戏免费、道具收费”策略也是免费模式的成功典型。事实上，全球互联网企业几乎没有出现过一上来就收费并获得成功的案例。用免费的产品和服务去吸引用户，然后再通过增值服务或其他产品收费，已成为互联网企业普遍的成长规律。

免费模式下的盈利方法。（1）体验型模式：客户往往对待一个新的产品抱着怀疑与渴望的双重态度，让客户感觉到安全与信任，就成了企业营销的核心。体验型模式，是通过客户先进行体验，获得客户的信任后，再进行成交的方式。这一种模式，具体可以分为两种：一种是企业设计可以用于体验的产品，客户可以免费体验该产品，感觉良好后再进行消费；另一种是与时间挂钩的免费体验，就是客户在约定的时间内，可以免费体验该产品，而后付费使用。（2）第三方资费模式：简单说，消费某企业产品的客户将会获得免费，而向该企业付费的是想拥有其客户的第三方，如报纸、电视、广播、杂志等，消费者是免费获得，而资费方是第三方的企业。（3）产品型模式：免费获得产品，对于消费者来说，具有极大的吸引力。通过某一产品的免费来吸引客户，而后进行其他产品的再消费的方式。产品型模式是一种产品之间的交叉型补贴，即某一个产品对于客户是免费的，而该产品的费用由其他的产品进行了补贴。产品型模式分为三种：一是诱饵产品的设计（设计一款免费的产品，目的是培养大量的潜在目标客户）；二是赠品的设计（将一款产品变成另一款产品的免费赠品；或者将同行业或边缘行业的主流产品变成我方的免费赠品）；三是产品分级的设计（普通版的产品，客户可以免费得到，高级版本或个性化的产品客户需要资费）。（4）客户型模式：人类是群居性的动物，在人群中一部分人群对于另一部分人群来说，具有强大的吸引力。通过对其中一部分人群进行免费，从而获得另一部分人群的消费。该模式是企业找到一部分特定的客户进行免费，对另一部分客户进行更高的收费，实现客户与客户之间的交叉性补贴。这种模式设计的关键核心，在于找到特定的客户群。比如可以女士免费男士收费；小孩免费大人收费；过生日者免费朋友收费；老人免费家属收费等。(5) 时间型模式：有些行业具有明显的时间消费差异。比如电影院，上午看电影的人群非常少，那么可以在上午对客户进行免费，从而吸引大量的客户在上午进入电影院，而电影结束时往往是中午，客户会进行餐饮等其他的消费。时间型模式是指在某一个规定的时间内对消费者进行免费。如一个月中的某一天，或一周中的某一天，或一天中的某一个时间段。采用这种模式要将具体的时间固定下来，让客户形成时间上的条件反射。该模式不但对客户的忠诚度、宣传上有极大的作用，另外客户还会消费其他的产品，可以进行产品之间的交叉补贴。(6) 功能型模式：有一些产品的功能可以在另一些产品上体现，于是可以将另一种产品的功能对客户进行免费。功能型模式是指将其他产品的功能在主体产品上进行体现，让客户获得免费的使用。如手机中的相机、U 盘等功能。(7) 空间型模式：企业为了拉动某一特定空间的客户数量，对于指定的空间，客户可以获得相关的免费。空间型模式是指该产品或服务对于客户来说是收费的，但是指定的空间或地点客户可以享受到免费的待遇。(8) 跨行业型模式：将其他行业的产品当作本企业主流产品的诱饵产品或者是赠送产品，来吸引客户消费本行业的主流产品。跨行业型模式是指企业将其他行业的产品纳入本企业的产品体系，而纳入的产品对于客户来说是免费获得的，条件是消费本企业的主流产品。这种模式将使得行业之间的界限越发的模糊，会将一个行业部分或全部并入另一个行业。(9) 耗材型模式：有一些产品的使用，需要大量的相关耗材，从而对该产品进行免费，而耗材进行资费。耗材型模式是指客户将免费获得企业的产品，但是由该产品引发的产品（耗材）客户需要资费。(10) 增值型模式：为了提高客户的黏性与重复性消费，企业必须对客户进行免费的增值型服务。如服装可以做到免费烫洗；化妆品可以做到免费美容培训；咖啡厅可以做到免费的英语培训等。(11) 利润型模式：利润型模式是指客户将免费获得某企业的产品，甚至是服务、营销及产品的使用。条件是生产该产品的企业将参与产品所产生利润收益的分配。如某一些医疗器械，医院可以免费的获得，而生产该医疗器械的企业要参与该产品的利润分成。

互联网是美好的，免费更是美好的，互联网企业保持高速发展，就必须适应时代的发展创新模式，在实践创新中去谱写时代新篇章。

4.5 从量的积累到质的飞跃

互联网在中华大地上的迅速发展，使具有先天人口优势的网络大国逐步迈向技术创新驱动的网络强国，逐步实现了从量的积累到质的飞跃，致使互联网产业发生了翻天地覆的变化，中国互联网领域从商业创新驱动走向技术与商业双轮驱动，不仅为消费者带来便捷，推动了消费需求从低端到中高端的变革，同时助力中国制造业的转型升级，给创新创业、扶贫、就业等国家和社会关注的热点问题赋予了新的内涵，让治理创新走向更加开放协同，有力地促进全民参与、全面渗透的更便捷、更环保、更全球化的“移动互联网上”的中国式生活方式已经全面展开。

实现了从网络大国到网络强国的蜕变。中国互联网呈现快速发展的趋势，截至 2020 年，全球市值前十的互联网企业中，中国已经占据五席。中国网络零售增长至 11.76 万亿元，比上一年增加 10.9%。中国互联网用户达到 9.89 亿人，全球排名第一。

共享单车是中国原创互联网经典案例。借助数字技术和商业模式创新，创造性地满足了消费者最后一公里灵活出行的需求。短短几年时间，用户数已达至 2.35 亿。共享单车成为中国出口“商业模式”的新标签，已经走出国门，走向全世界。

实现了从技术应用到技术创新的突破。在云计算领域，从技术应用者变成为技术原创者，变成具有自主创新能力的中国云服务商，开始走向全球。这主要源于商业创新倒逼技术创新的快速迭代。以天猫的“双 11”活动为例，2020 年成交额高达 4982 亿元，交易峰值最高可达每秒几十万单，这是使用传统 IT 技术无法满足和实现的，商业的发展与需求倒逼阿里巴巴不得不从底层操作系统开始，到中间件、数据库、安全等领域都进行自主研发，造就了今天的阿里云。

从电商到全业态的数字经济时代。五年间，电商成为新常态，传统电商的概念已经模糊化，由于电商的发展，带动了以支付宝为代表的新金融服务的出现和快速发展，并迅速成为中国式创新的支撑力量；同时，物流规模迅速膨胀，使得中国物流业的包裹数跃居全球第一。而以云计算、大数据、物流体系、移动支付、信用体系、电商交易等形成了新的商业基础设施，激发着整个社会创新的活力。

由于线下移动支付的快速普及，使得基金服务门槛降低，普惠金融服务成为人人可得的服务，同时支付宝的服务遍及我们生活的方方面面，促进了整个社会各层面的数字化创新。

完成了从低端到中高端消费升级。伴随中国居民消费收入的持续增长和新生代的成长，中产消费群体迅速壮大成为消费升级的驱动主力。互联网潜移默化地改变了中国消费者的消费模式，全社会分梯队分层次地加速迈进消费升级时代，一线城市消费者的消费结构开始接近发达国家消费者。随着网络购物的普及和爆发式增长，中国网络市场的消费品质也在持续提升。社会消费品零售“量”的增速处于“低区”，而“质”的提升到达“高区”。

完成了从低端规模化生产到智能化生产转变。传统制造业的规模化生产方式正在被互联网逐渐改变，互联网消费拉动着制造业后端供应链和生产流程的变革，使得“Made in Internet”正在成为现实，C2B模式、柔性化生产、集单生产等新模式层出不穷；制造业也在不断提升智能制造的能力，利用工业云和大数据平台方式加速向服务化转型。工业电子商务普及率逐年提升，骨干企业电商采购近年来提升明显。

互联网助力实现了大众创新、万众创业。在国家政策的指引下，基于互联网的创新创业浪潮风起云涌，以大平台、富生态、多模式为代表，带动了网商、电商服务业、物流、金融以及互联网科技企业的创新创业加速，人人贸易、普惠科技大大降低了创新创业的门槛。科技型创业孵化服务、早期投资、创业投资规模稳步提升。以扫码技术为例，这项技术在中国的快速普及加速了线下场景的数字化进程。从街边的菜市场到大型商场，基本都支持扫码支付，共享单车也是以扫码技术为基础的新商业模式，无人超市更是将扫码技术应用到极致。更值得关注的是，扫码支付已经走出国门，带动了国际移动支付市场的快速发展。

实现从固定就业到灵活就业转变。伴随“互联网+”、共享经济、数字经济的发展，就业正从工业领域转向服务领域，技术创新正在拓展商业的边界，创造新的就业形态，平台型就业、创业式就业正成为一种显著的“就业”方式，让就业更具“包容性”，让每个个体都能够灵活、多元的通过平台接入线上“市场”，为社会创造价值，获得存在感、幸福感。互联网为社会创造了越来越多的灵活就业机会，为女性、大学生、农民工、弱势群体创造包容的就业环境，成为传统就业的有益补充。此外，电子商务把小地方融接到大世界，助力贫困地区的脱贫攻坚。电子商务帮助贫困地区对接到大市场，将特色产品销往全国各地甚至海外，进一步激活更多创业，带动产业发展，创造就业机会，帮助更多人脱贫。

实现了从单向治理到协同共治的转变。互联网与信息社会治理逐步实现了从单一治理到多元治理、从单向治理到协同治理、从人工治理到数据治理、从国内治理到全球治理、从事前管理到事中事后管理的转变。出台并完善了《中华人民共和国网络安全法》，设立了互联网法院，对互联网国际治理提出了一系列的中国主张和中国倡议。

中国人的生活已基本上全面互联网化。一种更在线、更便捷、更环保、更全球化的“移动互联网上”的中国式生活方式已经全面展开。网上外卖、网约出租车、共享单车等移动互联网为中国人的生活带来了极大的便捷。并且越来越呈现出绿色环保的良好趋势。

移动通信技术和互联网已有机地融为一体。这两项对人类通信发展起着关键作用的技术结合起来，迸发的力量会难以想象。有一点可以肯定，两者将互相推动互相促进，互联网的引入大大推动了移动通信技术的发展，移动通信技术的发展也为互联网提供了更为广阔的应用基础。

不受时间和空间限制，极具个性化是移动通信最突出的两个特点，高速发展的社会正好需要这样的通信方式。移动互联网将使人们在任何时间、任何地点都可以与任何人进行无障碍的沟通与交流。

5G 将把数字和物理世界合二为一。在未来，移动通信将迈入新的发展阶段。5G 使人类在感知、获取、参与和控制信息的能力上带来革命性的影响。将形成一个更智能、更友好、用途更广泛的网络，渗透到人类生活的方方面面，并与其他成功商用的技术和谐共存。5G 网络的建设大幅改善网络建设运营的能耗与成本效率，全面提升服务创新能力，拓展电信运营的产业空间，不断满足人们超高流量密度、超高连接数密度、超高移动性的需求，把办公、购物、医疗、教育、娱乐、交通、社交等各垂直行业的价值环节和生产要素更大规模地纳入移动互联网产业。在互联网上构建“物理图谱”，将物理世界搬至互联网，将数字世界和物理世界合二为一。移动互联网、物联网和工业网的多网融合，为移动通信技术迎来一个前所未有的发展空间，为网络社会描绘出一个更加广阔的发展蓝图。

从量变到质变的力量。5G 技术商用与普及也让大家看到，技术的发展从来都不是突变的，每一代技术都是在上一代技术中逐渐改善发展，从量变到质变。伴随 5G 而来的网络社会，使运营商比任何时候都要开放，比任何时候都更注重交互互通。它将促使运营商与外部的互通达到前所未有的高度，不再局限于今天看到的对银行、电力、教育、医疗等传统行业的信息化。未来的互连互通，甚至会渗透到日常生活，传统的运营商营业厅将变成人们综合的生活、工作和娱乐场所。大数据成为互联网时代的重要特征。大数据是指数量特别巨大、种类繁多、增长极快、价值稀疏的复杂数据，简而言之，是“大而复杂”的数据集。作为信息资产，大数据的价值需要运用全新的处理思维和解译技术来实现。拥有大数据是时代特征，解读大数据是时代任务，应用大数据是时代机遇。大数据作为一个时代、一项技术、一个挑战、一种文化，正在走进并深刻影响我们的生活。大数据将成为基础性战略资源，因为大数据是经济社会、现实世界、管理决策的片断记录，蕴含着碎片化信息。随着分析技术与计算技术的突破，解读这些碎片化信息成为可能，这是大数据成为一项新的高新技术、一类新的科研范式、一种新的决策方式乃至一种文化的原由。大数据从信息载体这一底层捕捉到了信息化的共性基础、未来发展与普适技术。大数据热潮的来临是一种必然，大数据技术不会是过眼云烟。大数据将成为发展的基础。数据的积累是一个从量变到质变的过程。当数据积累不够多时，没有人能读懂这些

“碎片”背后的故事。但随着数据的积累，特别是超过某个临界值后，这些“碎片”整体所呈现的规律就会在一定程度上被显现出来。

大数据能在管理创新、产业发展、科学发现、学科发展四个领域为我们带来前所未有的机遇。在管理创新方面，基于大数据和大数据技术，人们可以使用极为丰富的数据资源对经济社会发展进行实时分析，并帮助政府更好地对社会和经济运行作出反应。大数据技术可以帮助我们实现梦寐以求的科学决策，实现科学决策具体化，从而推动管理理念、方式与方法的革命。在实践中，运用大数据对国家政策进行预评估已成为可能。在产业发展方面，大数据技术的底层性使得它很容易与其他行业、技术嫁接，从而形成以数据为资产、以现代信息基础设施为基础、以数据价值挖掘为创新要素的大数据产业。大数据可以为大众创业、万众创新提供平台。在科学发现方面，随着数据积累和计算能力的提升，直接从大数据中获取知识成为可能。这种基于大数据分析的探究方式弥补了过去单纯依赖模型和假设解决问题方法论的不足，形成了一种新的科学研究范式。在学科发展方面，一种融合统计、计算、信息与数学的数据科学正在形成，尤其是“解读大数据是时代任务”的要求也将深刻改变和影响各门学科。这一改变势必对大学的学科设置和人才培养产生重大影响，尤其将为大学培养国家创新发展亟需的人才提供难得机遇。

在“人人都产生并希望拥有数据、人人都希望从数据中获益”的大背景下，必须强化数据是国家资源的意识，重视建立国家数据资源库。当前，应特别注意大数据资源意识所诱发的行业数据保护以及数据资源流失与滥用问题，切实将大数据资源用于服务人民、服务国家建设。另外，一些行业如电力、交通、金融服务、互联网、制造业等，对国家经济发展影响巨大，数据积累丰富，并且有专属性、共享相对容易等特点。率先推动这些行业运用大数据加快发展，有重要的带动性和示范性。数据在推进税务、财政、投资监管等大数据应用工程，都可能产生意想不到的效果。要加大大数据人才的培养力度，充分发挥体制优势，动员各高校、研究机构快速设立一批适应各层次需求的大数据人才培养项目，形成支撑国家大数据战略实施的强大科学研究与应用人才队伍。用滴水穿石的韧劲实现从量的积累到质的飞跃。

4.6 微创新造就大事业

4.6.1 基于产品的微创新

从家喻户晓的“老干妈”到“三只松鼠”创业都是源于一个小小的创新，小的创新往往能够成就一番大事业。下面讲述一个小创新成就一番大事业的故事。

故事主人公叫刘伟红，是山东省招远市一名普通农家妇女。刘伟红初中毕业后就开始做生意。她开过裁缝店，卖过服装、化妆品。2001 年，她随丈夫来到了烟台。一个偶然的机会，她随丈夫去东北探望一个做面食的亲戚，他的麻花卖得特别好，很多人都远道来购买。刘伟红尝了尝，认为还有很大的改进余地，觉得自己做一定能够做得更好。她心动了，一回到烟台就开始行动，她向当地知名的面点师傅求教，经自己反复试验，味道已有所改进，但她觉得还是不理想。她不仅到北京寻找专家研究配方，而且去陕西、成都、哈尔滨、大连等地学习面点技术。她花了一年多的时间，跑了七八个城市，回到家，结合自己学到的知识，摒弃了传统麻花制作中采用的食用碱、明矾、糖精等原料，在保持麻花原有精美外形的基础上，把想象中的好东西一次次地组合添加，进行试验，包括奶粉、奶油、鸡蛋、白糖、蜂蜜等。可无论怎么试验也弄不出理想的味道来。这时候她想到了第一代麻花已放弃了的发酵老面，进行土洋结合，加上老面试验。她成功了，终于找到了那个理想中的独有味道。

她想麻花原本是在大街上摆摊卖的，人们看不到它的制作过程。如果把它放进专卖店里，让顾客从橱窗能看到整个加工过程，肯定会更加受欢迎。2004 年 3 月，尽管她的丈夫和家人都强烈反对，但刘伟红仍然坚持让第一家麻花专卖店开张了。这家麻花专卖店就开在烟台大学附近的莱山菜市场里。店面整洁、明亮，令人耳目一新，10 多个员工身着统一工作服。开业当天，就卖出了 4000 多根。人们争相购买味道独特的不同麻花品尝。2004 年 5 月，一个浙江商人开出 50 万元的高价，要买刘伟红的麻花配方，10 多天的时间来了 3 次，最后将价格加到 70 万元。然而就在这 10 多天的时间里，刘伟红在烟台地区的麻花专卖店，也增加到了十多家。这个 70 万元没有转让的麻花配方，留在刘伟红手里产生了奇迹。每天全国各地要求加盟连锁的电话让她应接不暇，她的两部手机一直响个不停，往往 10 分钟的时间就会有 20 多个未接来电……半年时间的经营，她的弘祥麻花连锁专卖店有了品牌价值，甚至有人出资 1000 万元要买她的品牌。截至 2018 年，她的“弘祥麻花”已在全国各地开连锁店 1500 余家，这就是创新的威力。

4.6.2　基于平台的微创新

商铺内容微创新，会使消费者眼前一亮。例如，一贯注重设计与服务的佛尘轩面对转型电商表现出强大实力，力压群雄，一度成为品牌电商小而美的典范。主要在以下几个方面进行了微创新。

巧妙定义品牌聊天表情。据悉，佛尘轩淘宝店铺客服统一采用“佛尘小和尚”系列聊天表情与广大买家沟通交流，该表情为卡通小和尚造型，带有标志性配色与 logo，可爱生动，极具品牌亲和力。佛尘轩是淘宝首次使用专属聊天表情的品牌，相继有大量商家效仿与学习。

充分利用淘宝宝贝应用图标。通过佛尘轩淘宝网页可看到宝贝详情页下方的八个精美应用图标，点击后跳转与之相关的主体内容，为消费者提供专业的佛珠知识、佛教文化、佛珠运势等系列服务。也是淘宝首次研发宝贝应用图标功能的品牌，而未来该项创新功能将帮助买家更自由更精准地了解商品相关信息与资讯，并实现零距离与买家互动。

创建零广告关联展示页面。进入佛尘轩商品介绍网页内，消费者可以感受优质的购物体验，无任何关联广告影响，直接进入精美的产品介绍，20% 核心文字说明，80% 精美图片展示，从多维度帮助消费者了解宝贝真实信息。当前大量垃圾关联广告充斥着淘宝每一个店铺，消费者浏览宝贝时无法正常自主地阅读商品内容，被商家恶意强迫阅读关联垃圾广告。佛尘轩推出的零广告关联展示为消费者营造最优质的网购体验。

适时进行商品逻辑性阅读展示。相信每个消费者在浏览佛尘轩商品时会莫名感受到舒适与顺畅，不自觉地以一种欣赏的眼光看待这些产品介绍。这正是佛尘轩原创推出的逻辑性阅读展示，将消费行为学与视觉优化融入宝贝介绍中，让买家按照科学的阅读习惯来阅读风格统一的产品介绍，弱化了文字内容与边缘内容，将产品简单全面地展示给消费者，用消费者的视角解读电商。

实现了主页全屏动态展示。佛尘轩采用 JS 语言完成店铺主页设计，最大限度将产品完美展示，让消费者在购买的同时体验视觉上的享受，拒绝堆积商品，给消费者展示想看的内容，从买家视角优化商品页面。

充分利用官方微信平台。佛尘轩专业的微信公众平台可以让消费者零距离接触品牌电商，众多精彩而有趣的内容在微信中完美展现，让消费者随时随地感受品牌影响力。

4.6.3 基于商业模式的微创新

面对蓬勃发展的微博，目前大家最关注的是其商业模式，即通过什么方式来盈利。微博有自己的创新模式，这种创新模式就是走微改革和微商务之路。因为微博是一个微商业的环境，分析微博的商业模式应该先从微博的用户规模、情况及用户行为来对其商业价值进行分析，微博的商业价值主要表现在以下几点：一是微博平台，积累了庞大的用户群数据，用户就是平台的一切，用户无价。二是个人微博，积累众多粉丝，特别是用心经营的微博，积累了庞大的粉丝群，相比其他社会化媒体而言，微博由于彼此交流的及时性、话题的共同性等，让微博的信任度最高。对个人微博来说，粉丝是无价的。三是企业微博，企业微博是一种更快、更有效、更经济接触客户的企业信息的发布平台；是企业的快速客服通道，用户在对企业产品或服务发出质疑、请求帮助等信息时，对微博用户实时跟踪的企业便可以快速地了解情况，并通过微博或邮件或电话等方法回复，避免用户因为不满而大规模地在网上传播，快速解决用户的问题，能够较为有效地提高客户的满意度；是企业深度了解消费者的平台，微博是企业较好地聆听、学习以及了解客户的有效平台。微博用户在微型博客上记录了自己日常的真实想法、爱好、需求、计划、感想等，真实地表露了自己的消费需求、偏好、生活形态、品牌态度等，尤其是一定程度上能够了解消费者对产品的态度、需求和期望、购买渠道、购买考虑因素，有助于企业深度了解消费者，从而制定或者优化产品策略、营销策略；是企业口碑监测的平台。对于企业的市场公关人员来说，互联网上的“公关危机”就如洪水猛兽般袭来，令人胆战心惊。互联网特有的病毒式传播，使得用户对某些产品或企业服务的负面言论、品牌的负面评价都有可能导致企业的公关危机。因而，广告主对微博用户的品牌口碑实时监测尤为重要。而微博平台具有的搜索功能，以及相关的实时监测功能，使企业能实时监测品牌的口碑成为可能。

基于微博快速增长和庞大用户群，以及其巨大的商业价值，决定其必然创造电子商务的新模式。

一是打造粉丝电子商务平台，典型的就是团购 + 个人网店模式，团购网站基本成了各个平台的标配。利用微博强大的黏性，也就是非常高活跃度和非常高关注度，组织微团购或者开微店。团购平台只需要制作一个团购模板，然后由用户自行开展团购业务。借助团购模式，发展移动网店。微博的另外一个特点就是移动性强，用户黏性高，当团购业务帮助人们赚到第一桶金的时候，微博平台可以拓展其商务特性，发展移动网店，帮助用户赚钱。对于微博平台来说，促进用户维护、创造博客的特性，微博将不再是一种新鲜应用，而成为一种商务应用，其黏性大大增加。同时，也能提高其他用户的积极性，积极维护博客，积极与粉丝互动，积极开展有价值的商业活动，形成良性循环。

二是打造社交网络平台。互联网应用加上社交网络的黏性，能够让微博平台具有更大的延展性。粉丝的忠诚度是需要维护的，维护可以通过互动，也可以通过更为直接的利益来进行驱动。把签到服务与用户互动联系起来，通过签到，给予粉丝相应的荣誉，同时，荣誉能够换取相应的特权，比如团购能打折、定期免费领取礼物、高等级会员的专享标志等。也可以开发属于自己的应用插件，以增加用户黏性，并根据平台用户的盈利情况，收取平台管理费，或者交易佣金来盈利。

三是打造自媒体展示平台。微博自发性、原创性、病毒式传播的特性，决定了其作为新闻源和话题中心的角色。因此，可以通过开发、丰富其表现形式，让每个微博用户都可以通过自己擅长的方式来把个人微博打造成为一个自媒体平台。比如语音微博，其作为新浪微博推出的特色业务，所有用户在手机号码绑定新浪微博账号后，均可通过拨打语音微博号码注册、录制、发布语音微博，同时还可收听自己已经发布的语音微博，每条录制时间限定在一分钟之内。语音微博发布成功后，将会同时在微博发布该条语音链接，点击播放按钮即可收听该语音微博。平台为用户提供一个广告展示页面和网络商店，根据用户的盈利情况，收取平台管理费或者交易佣金实现盈利。

四是开发拓展各种收费渠道。(1) 微博通过技术手段对不同品牌、不同产品的消费者需求进行记录与统计，对品牌或产品的评价进行分类记录与统计，形成相关的监测服务报告，为企业实时了解用户需求与品牌口碑提供动态工具，通过卖“具有真实价值”的报告来盈利。(2) 收取品牌广告费用。微博通过建立大平台，依靠较多的用户量带来较多的点击率，可以吸引品牌广告的投放。(3) 通过 App 等形式，和其他网站进行收入分成。微博可以利用自身庞大的用户群，建立类似于搜索等方面的工具，把大量的用户群转移到其他网站上，进而和其他网站进行广告分成。(4) 用户数据库盈利模式。在微博中，众多的用户公开个人观点，而这些用户数据和信息数据都值得深层次挖掘，因此，可以对想利用微博进行营销的公司提供有价值的数据和信息，让营销者可以批量跟踪这些用户。(5) 对企业用户进行收费。建立品牌 ID 商城，通过认证，入场费以及收取交易佣金来获取盈利。(6) 参与营商分成。随着 5G 的正式商用，移动媒体将迎来快速发展期，而微博天生就具有和移动介质良好融合的特点，这样就可以和移动运营商进行流量和短信分成。

第 5 章 求知思维

5.1 知己知彼才能百战不殆

《孙子·谋攻篇》中说："知己知彼，百战不殆；不知彼而知己，一胜一负；不知彼，不知己，每战必殆。"意思是说，在军事战争中，既了解敌人又了解自己，每战必胜；不了解敌人而只了解自己，胜败的可能性各占一半；既不了解敌人又不了解自己，必然是每战必败。而"知己"与"知彼"相比较，"知彼"相对重要。对于势均力敌的对手来说，这一点显得尤为重要。伟大的斗士都是不会随便轻视他的对手的。要做到"知彼"，最好的方法莫过于换位思考。失败者之所以失败的一个重要原因是，他们从来都不懂得站在对方的立场看问题。

春秋时，郑国受到了北戎人的袭击，郑庄公率兵竭力还击，但他心中不免有些担心，因为戎军的兵力非常强大，他对公子突说："我们是车兵，他们是步兵，我担心他们会突然绕到战车前面来袭击我们。"公子突说："派些不刚强但却勇敢的兵士，让他们一碰到敌人就赶紧撤退，您设下三批伏兵等着他们，戎人贪婪而不团结，轻率而无秩序，败了各不相救，胜了互不相让。在前面走的兵士见到有利可图，必然只顾前进。路上遭到伏击后，必然只顾着自己逃命，走在后面的又不加援救，敌兵就没有后继者了。这样，我们就可以不战而胜。"郑庄公采纳了他的建议。后来戎军的先锋部队遇到伏兵后果然败退逃跑，郑国的军队乘胜追击，将戎军切为几节，前后夹击。戎军伤亡惨重，大败而归。

日本松下电器公司的创始人松下幸之助先生，在经营企业的过程中，总结出了一条重要的人生经验：站在对方的立场看问题。松下电器公司能在一个小学没读完的农村少年手上，迅速成长为世界著名的大公司，就与这条人生哲学有很大关系。

人们在交往之间，总有许多分歧。松下幸之助希望缩短与对方沟通的时间，提高会谈的效率，但却一直因为双方存在不同意见、不能达成一致而浪费掉大量时间。他知道，对方也是善良的生意人，彼此并不想坑害对方。在 23 岁那年，有人给他讲了一则故事——犯人的权利。他终于从中领悟到一条人生哲学。凭借这条哲学，他与合作伙伴的谈判突飞猛进，人人都愿意与他合作，也愿意做他的朋友。

此故事讲述的是某个犯人被单独监禁，有关当局已经拿走了他的鞋带和腰带，他们不想让他伤害自己。这个不幸的人用左手提着裤子，在单人牢房里无精打采地走来走去。他提着裤子，不仅是因为他失去了腰带，还因为他失去了 15 磅的体重。从铁门下面塞进来的食物都是些残羹剩饭，他拒绝吃。但是现在，当他用手摸着自己的肋骨的时候，他嗅到了一种万宝路香烟的香味。他喜欢万宝路香烟。

通过门上一个很小的窗口，他看到门廊里那个孤独的卫兵深深地吸一口烟，然后美滋滋地吐出来。这个囚犯很想要一支香烟，所以，他用他的右手指关节客气地敲了敲门。

卫兵慢慢地走过来，傲慢地哼道："想要什么？"

囚犯回答说："对不起，请给我一支烟……就是你抽的那种万宝路。"

卫兵错误地认为囚犯是没有权利的，所以，他嘲弄地哼了一声，就转身走开了。这个囚犯却不这么看待自己的处境。他认为自己有选择权，他愿意冒险检验一下他的判断，所以他又用右手指关节敲了敲门。这一次，他的态度是威严的。

那个卫兵吐出一口烟雾，恼怒地扭过头，问道："你又想要什么？"

囚犯回答道："对不起，请你在 30 秒之内把你的烟给我一支。否则，我就用头撞这混凝土墙，直到弄得自己血肉模糊，失去知觉为止。如果监狱当局把我从地板上弄起来，让我醒过来，我就发誓说这是你干的。当然，他们决不会相信我。但是，想一想你必须出席每一次听证会，你必须向每一个听证委员会证明你自己是无辜的；想一想你必须填写一式三份的报告；想一想你将卷入的事件吧！所有这些都只是因为你拒绝给我一支劣质的万宝路！就一支烟，我保证不再给你添麻烦了。"

卫兵会从小窗里塞给他一支烟吗？当然给了。他替囚犯点了烟了吗？当然点上了。为什么呢？因为这个卫兵马上明白了事情的得失利弊。

这个囚犯看穿了士兵的立场和禁忌，或者叫弱点，因此满足了自己的要求，获得了一支自己想要得到的香烟。

松下幸之助先生立刻联想到自己：如果我站在对方的立场看问题，不就可以知道他们在想什么、想得到什么、不想失去什么了吗？

仅仅是转变了一下观念，学会站在对方的立场看问题，松下先生立刻获得了一种快乐，发现一则真理的快乐。后来，他把这条经验教给松下的每一个员工。

站在对方的立场看问题，就是《孙子兵法》中“知己知彼，百战不殆”的现代运用。站在对方的立场看问题，有助于我们“知彼”，也大大有益于我们“知己”。尤其是进入互联网时代，互联网经济的特点要求商业模式要不断地进行改革与创新，但是商业模式无论发生怎样的变化，了解客户的需求，注重用户的体验是一个永恒的主题，在时时跟踪用户需求的基础上，不断创新和改进自己的产品与服务，才能使自己立于不败之地。

5.2 察微知著细节决定成败

春秋末期，齐国的大臣隰斯弥去拜见权臣田成子，田成子和他一起登上高台向四面张望。只见三面的视线都畅通无阻，唯有南面被一片隰斯弥家的树林给挡住了。田成子看着那一片树木，只随口说道：“怎么样，风景还好吧！”

隰斯弥回到家里，马上让仆人砍倒树木。仆从刚砍了几下，隰斯弥眉头一皱，又不让继续砍了。仆人不解地问：“一会儿砍，一会儿又不砍，为什么变化这么快呢?”隰斯弥说：“谚语云，知渊中之鱼者不详。田成子将要干一番改朝换代的大事，在这个时候，我却要显示出知道他的细微想法，我就会有危险。我不砍树，还不会有什么罪。我如果砍树，就意味着我知道了他所不能言说的事情，那罪过就大了，所以，我不能砍这个树啊！”此后，他绝口不提砍树的事。后来，田成子于公元前481年发动武装政变，杀了齐简公和许多王室贵族，另立齐平公为王，自己一手把持国家大权，而隰斯弥没在被杀之列。

隰斯弥这是知而不为，自有其一番用心。田成子邀请隰斯弥登高一看风景，也许是在暗示隰斯弥家的树挡住了自己的视线。

明知自己的树木挡住了田成子的视野，令权臣田成子不悦，但隰斯弥仍然大智若愚，置若罔闻，这又是为什么？深不可测是领导者统御下属的必要手段，一般的领导者也都会尽可能地去了解自己的下属，同时尽可能对自己的下属保守一定的秘密。此外，一些重大的机密事件，更是不能让下属或者同僚知道。如果领导者微妙的心理活动你都能了若指掌，就必然会引起他的警惕和防范；如果再让领导者怀疑到你已揣度出他的重大机密或者行动计划，这更会让他心中不安，甚至可能给他带来莫测之祸。田成子带隰斯弥看风景，意不在树，而是在测试隰斯弥能否看出自己的心思。一个能看出自己微妙心思的人，也很可能会猜测出自己的谋反意图。幸亏隰斯弥想到更深一层，假装对田成子所动心思茫然无知，靠自己的明察和经验躲过了一场杀身灭门之祸。

弦动别曲，叶落知秋。有经验的人大多能观天色而知风雨，有智慧的人也大多懂得察微知著。事物细微的变动，也可能是吉凶祸福的预兆。有智慧的人不会消极地等待事情的自然结果，他们能够见机而作，根据事物细微的变化，判断事情的发展趋势，及时掌握事情的进展方向与速度，趋吉避凶，使人生之船顺利前行。

清朝湘军统帅曾国藩率领湘军围剿太平天国时，朝廷对其是一种极为复杂的态度，既想任用他，但又不大放心，一则是汉人手握重兵；二则湘军是曾国藩一手建立的子弟兵，万一发展过于壮大难以控制。因此，对曾国藩在任用上，采取是让其办事但不授高位实权。为此，曾国藩非常苦恼，他急需朝中重臣为自己撑腰，以消除朝廷的疑虑。

忽然有一天，曾国藩在军中收到权臣肃顺的密函，得知这位精明干练的顾命大臣在西太后面前力荐自己出任两江监督。曾国藩大喜过望，咸丰帝刚去世，太子年纪还小，顾命大臣虽说有数人之多，但实际上是肃顺独揽大权，有他为自己说话，那真是求之不得的好事。

受到肃顺如此赏识与力荐，曾国藩马上提笔给肃顺写信表示感恩与忠心。但写了几句，他就停下笔来。他知道肃顺为人刚愎自用，目空一切。他又想起西太后虽然暂时按兵不动，但绝非平常人，以自己多年的阅人经验来看，西太后心智极高，且权利欲很强，又极富心机。面对高深莫测的潜在竞争对手，肃顺这种专权的做法能持续多久呢？西太后与肃顺合得来吗？

思前想后，曾国藩决定还是不写信了。后来，政局急转，肃顺被西太后抄家问斩。在众多官员巴结讨好肃顺的信件中，没有曾国藩的只字片语。曾国藩由于没有巴结肃顺，得到了大权在握的西太后的赏识与重用。

在现代社会，为了人生一帆风顺，事业有所成就，就要能够纵观全局，审时度势，思虑周密，具备前瞻性和洞察力，不但要看到常人所看不到的细节，还要举一反三，从一点看到事物的全貌，能够透过事物表面识其本质。在模糊、混沌或不确定的纷繁事物中，整理出逻辑的构架，作出明智的选择，使自己远离困境与灾祸，成功达到自己的目的。

做到察微知著，就要培养自己的前瞻眼光和敏锐的洞察力。所谓前瞻眼光和敏锐的洞察力，主要表现在三个方面：一是在动态中准确地预见事物的发展趋势；二是在静态中及时预见事物的变化；三是在做人做事中善于发展不显眼的机会，并预见到它蕴含的价值和意义，从而牢牢地抓住它，充分发展自己。

在商业竞争中，日本人正是凭着敏锐的洞察力，以前瞻性眼光、预谋制胜之术，而成为商业强国。20 世纪 80 年代初，美国卷起了一股可怕的黑旋风——艾滋病，任何药物都抵挡不了它的恐怖侵袭。既想性开放又怕死亡的美国人后来发现，有一种小道具能够有效抵抗艾滋病的侵袭，那就是保险套。当时，由于市场需求突飞猛增，美国国内数量有限的保险套一时无法满足市场需求。远在东半球嗅觉敏锐的两位日本商人立即发现了这座金山，在最短的时间内生产了一大批保险套，火速运往美国。一时间，美国众多的代销店门庭若市；两亿多个保险套很快销售一空。

在互联网时代，信息和数据显得更为重要。要想取得商业先机与主动力，必须捕捉时代的信息与最新数据，并通过处理与咨询做出长期预测。机会人人都有，就看自己能否发现并抓住。做事情若想成功，必须培养自己的前瞻眼光，通过对各种事物进行预测、分析，并利用自己敏锐的洞察力，及时抓住潜在的机遇，并预先加以谋划。只要抓住了机遇，你就抓住了打开成功之门的钥匙。

5.3 知人善任打造自己的核心团队

说到“知人善任，人尽其才”，使人很容易想到汉朝开国皇帝刘邦。刘邦得天下后，在洛阳宫大宴群臣。他在总结夺得天下的经验时坦诚己见：“运筹帷幄之中、决胜于千里之外，我不如张良；善用人才，治理国家、安抚百姓、为军队提供补充，我不如萧何；率百万之众，战必胜、攻必取，我不如韩信。此三人，皆人中豪杰，为我所用，是我取得天下的得力助手。而项羽逞其匹夫之勇，刚愎自用，根本不懂用人之道。他连自己的亚父范增都容不得，更不用说善用贤者，这就是项羽自取灭亡的深刻教训。”

《孙子兵法》中也说：“故善战者，求之于势，不责于人，故能择人而任势。任势者，其战人也，如转木石。”意思是说管理者就是要“择”合适的人，造就木石从高山上滚下来的气势，木石本为静态，但若能够将它放在高山上并推下，就能造就出一种不可抵挡的“势”来。在日常生活和工作也存在着同一个道理：人都有自己擅长的一方面，管理者要做的则是如何正确运用。

对于一个管理者来说，企业的用人之道就在于知人善任、人尽其才。所谓知人善任，就是了解和掌握员工的个性和特点，并将其安排到相应的工作岗位上去，达到人尽其才的目的；所谓人尽其才，就是在工作中尽量发挥员工的特长。为了发挥员工的特长，管理者就必须对员工的个性和特点进行了解，因此，从某种意义上说，知人善任和人尽其才是一致的。

用人是管理者的基本职能和必备能力，作为一个管理者，都希望能够达到知人善任、人尽其才，这是对员工、管理者和企业都有利的事情。一般来说，企业在发展壮大的过程中，会形成自己的一套用人理念和方法，但这种理念和方法受管理者本身的观念影响较大，主要还是靠管理者的感觉和判断来用人。科学的用人方法则应该是通过对员工能力和岗位工作任务的把握，达到人与岗位的合理匹配。

在互联网时代，互联网企业更注重技术和商业模式创新，人才显得更为重要。但仍然有些企业在人才使用过程中存在着一定的问题，有的企业在招聘员工的时候往往喊出很多高调的口号，声称能给予员工各种各样的施展才能的空间，但是实际情况往往是千方百计引进了人才，实际上又不把人才当回事，员工到了企业以后还是做着乏味的、重复的工作，自己的才能根本得不到应有的发挥，知人善任、人尽其才成为了一种口号。

那么对于一个管理者来说，如何才能真正做到知人善任、人尽其才呢？其实最难的不是选拔人才，难点在于选拔后如何使用，因为发现人才、识别人才、选拔人才都是为了善用人才。善用人才的标准至少有以下几点：一是扬其所长，避其所短。任何一个人都不可能十全十美，萧何和张良都是刘邦的谋士，他们出谋献策，帮刘邦打败项羽，但如果让他们统兵千万，冲锋陷阵，就不如韩信。因此，一个优秀的管理者必须能够懂得扬其长、避其短。二是量才使用，才尽其用。不同的岗位对人才有不同的要求；不同的人对岗位也有不同的适应性。因此，管理者需要根据人才的不同素质、才识和能力，安排相应的岗位。三是明责授权，信任人才。所谓“用人不疑，疑人不用”，既然用了这个人才，就一定要明责授权，大胆使用，现代企业各项工作千头万绪，管理者不可能包办一切，一定要大胆、充分地使用人才。四是组合人才，聚放效应。人才不仅有一个量才使用的问题，还有一个合理组合发挥其集聚效应的问题。现实生活中常有这样的情况，就单个讲，都是人才，但如果把两个能力、经历、资历、性格、年龄相当的人放在一起，很容易发生“碰撞”；但如果一柔一刚，一老一少，一男一女地加以组合，结果可能就大不一样。因此，一个领导者使用人才，不仅要重视个体的素质，还要高度重视群体结构的合理化。❶ 使群体中的个体相互弥补，相得益彰，达到一加一大于二的效果。五是知人善任的同时也要学会知人善免。在用人过程中，再高明的管理者也可能有失误的时候，失误并不可怕，关键是一旦发现不适合的人虚占其位，就要坚决而得法地将其撤换，否则可能给工作带来不良的后果，也有可能影响管理者本身的形象。

5.4 知用户需求者昌

用户思维是互联网思维的一种，也是求知思维在互联网时代的具体运用。小米是最重视用户体验的典型企业之一。小米正是依靠这种思维把事业不断推向高峰，这种思维模式一直被人们津津乐道。小米从第一个 MIUI 系统出来，不断采纳用户的建议，每个星期更新一次。虽然手机还没有生产出来，但已经培养一批

---

❶ 熊友君. 移动互联网思维：商业创新与重构［M］. 北京：机械工业出版社，2015.

铁杆粉丝。许多传统的网络公司，一直最看重的是流量。可是获取流量的成本越来越高，这种注重流量的做法变得越来越困难。因此，不管是传统的企业，还是传统的网络公司都开始谋求转型，而到目前为止，通过用户思维来转型，是被证明可行、有效的。那什么是用户思维呢？

用户思维是指满足用户的众多需求，而不是单一的需求。比如，用户需要一个 POS 机，商家不仅是售卖一个好的 POS 机给他。如果用户还需要办理信用卡，商家就帮他办理信用卡。如果他还需要贷款，再帮他贷款……如果是传统思维的话，就是只管用户 POS 机的需求，而不管用户其他的需求。满足用户的需求，用户才会信任你，才有可能成为产品的忠实粉丝或成为公司具有终身价值的用户。对于综合性公司来说，可以通过建立自己的生态圈来满足用户的需求。例如，小米手机里有很多应用以及相关的智能家居的产品，这正是小米在努力满足用户更多的需求，让用户在小米的产品里，就能满足很多需求。只要圈定一部分用户，满足这部分用户的需求就可以不断拓展客户和挖掘用户的价值。

对于产品单一的企业，可以通过合作的方式来满足用户的其他需求，找对了方向和合作伙伴，前方的道路一片光明。正如销售行业所说的一句名言——顾客就是上帝，这句话本身没有问题，但如果一味地只关注销售服务，紧盯用户的口袋，而没有从其他方面去体现用户至上，没有考虑用户真正的需求、兴趣点、个人偏好等，没有真正地放下身段去和用户打成一片、了解用户，也没有认真思考用户的价值，那就会出现问题。

用户思维的实质就是处处都要体现用户至上，把用户的价值放在企业营收之上，整个企业运作都围绕用户的需求去做，即使公司高管也要亲自去体验用户的需求，亲自去宣传，去为品牌代言，体验自己的产品和服务，解决用户的普遍需求，给用户真挚的关怀，让产品和服务变得更人性化、更有人情味。同时企业要提前想到用户的困难，并解决这些困难，而不是等问题发生了再去解决，也不是让用户动脑子去想自己最需要什么，这才是真正的用户至上。

互联网使人们的消费习惯和消费路径发生了根本性变化，这种变化倒逼互联网企业更加注重用户体验，把做好全方位的客户服务作为企业的生存之本和发展之道，从用户的需求出发，进行产品的定位与创新。

互联网人思考用户和产品的定位，向来是从用户刚需入手的。“用户的刚需在哪里”“为什么用户会使用它”“为什么用户不使用这样的应用或服务”“产品进入用户使用阶段的时候，运营体系又该怎么做”……这些都是互联网人关于定位的思考逻辑，按照传统的思维进行产品的设计、推广与定位，有可能把企业做大，但是做强很难。

基于用户需求的产品创新。如果按照互联网人的思考方式，真正用心体验用户需求，把用户的需求贯穿于产品的设计、研发与制造的全过程，就能够生产出高品质、满足用户需求的产品。例如，特斯拉汽车就是典型互联网思维的产物。如果仅仅从生产工艺的角度，特斯拉汽车确实没有什么特别之处，如果从整个汽车的设计思维上来说，在科技、外观、创新等方面来说，特斯拉都有其独特的表现，其最大的特色与亮点恰恰更多地体现了人文关怀与用户的体验需求。特斯拉的人才团队大部分来自苹果这样的小型电子消费品企业，而不是完全来自汽车行业。他们从工业设计、小型消费品这样的角度进入到汽车行业，最后带来的是创新、挑战和改变，对未来整个汽车市场都有着巨大的影响。如果再用品牌、渠道和价格等传统方式冲击市场，也许可以做大，但很难做强。

创新才能为企业发展提供不竭的动力。打败原来行业的永远都不是这个行业里面的，永远都是用新的方式去诠释。什么是互联网思维？互联网思维与传统思维有哪些不一样？互联网的核心竞争力是什么？互联网思维非常简单的逻辑是：开放、平等、科技、创新。只有平等了才可能有创新力，只有科技的变化才可能有创新力。当创新的外界环境具备后，内在基因成为决定创新的关键因素。如果不能打破现在的机制，不能充分的交流，快速迭代就根本不可能。例如，按照常规做事的逻辑是：立项、写调研、向领导审批、竞标、招标，找供应商合作伙伴……所以如果按照这样的机制，是难以快速迭代的。互联网的思维则是当产品售出后如何以商业服务为导向。在新产品交付给用户之后，该怎么运营它，怎么创新。如果不做闭环，就无法使数据产生价值。

此处举一个以互联网思维进行大型硬件创业的典型案例。小鹏汽车在创业过程中，建立起具有互联网思维特色的创业团队，其中大部分来自于汽车行业，少部分来自于阿里巴巴、腾讯等互联网公司，是一个新的组合体。在这个团队中，有造车思维的人、互联网思维的人，以及很多跨界的人，他们来自不同的行业，曾经做很多跨界的事情，各种不同思维互相撞击、互相学习。但从核心逻辑上，小鹏汽车以互联网基因为中心，以数字化和电动化为引擎，所带来的硬件变化推翻了很多传统供应链的一些思维逻辑。具体可以概括为：以用户需求为中心，不断地进行创新。

未来产品的竞争优势、定价权，主要靠互联网思维基因和团队的创新性设计，互联网带来的数字化、智能化，会给用户不断带来惊喜与消费冲动。

5.5 “一叶知秋”的敏锐造就互联网时代的弄潮儿

思维的敏锐性是很多人都向往的，既是沟通的利器又是创新的基础，在沟通过程中，只有具备很强的敏锐性，才能把自己的灵感很好地激发出来，在创新的过程中也是如此。

所谓敏锐性包括先知和深知两层含义，且不要人云亦云，别人的观点是别人的。不要不假思考地去反对或者接纳，要多问几个为什么，不要害怕出丑，经过这样的锻炼之后，自然而然思维的敏锐性会提升很多。那如何提升思维的敏锐性呢？

一是保持社交圈的多样性。不要沉浸于小圈子，这样很容易相互影响产生偏差。要多结识和沟通不同领域、不同特性的人群。

二是保持开放兼容的心态。有些信仰以及行为虽不符合自己的价值观和行为准则，但要了解这些人的分布和构成，有助于你形成正确的判断。

三是保持观察和好奇心。比如春节是一个特别好的观察窗口，通过社交，可以观察一下行业里面之前哪些项目很火，现在哪些项目很火，看看别人是如何做决定的，如何操作的，深层的心理想法是什么。这样可以让自己对事情的判断会越来越清晰。尤其对于瞬息万变的移动互联网、人工智能和大数据等相关行业，多观察别人的操作行为和习惯，以及各种榜单数据和最新成果动态。

四是要养成尊重事实的习惯。所谓尊重事实的习惯就是不要用观点代替事实，要知道事实是怎样的，当然可以不赞同，可以保留观点，事实未必是对的，但是事实就是事实。对于很多人和很多事来说，最可怕的不是无法给出准确的预测，而是对既有的事实视而不见。

五是不要忽略沉默的大多数。不要被网上一边倒的舆论所蒙蔽，不要被各种调查问卷的答案所蒙蔽，真正主导真相的往往是沉默的大多数。

六是时刻保持质疑精神。对各种新闻、公关稿、媒体软文、网上热传的故事都要保持一定的怀疑。不盲从，如有可能，要对每一个怀疑的问题去谨慎求证，这其实是一个更好认识社会、认识不同领域和不同行业的机会。

5.6 得数据者得天下

维克托·迈尔-舍恩伯格在《大数据时代》一书中通过百般例证，都是为了说明一个道理：在大数据时代到来的时候，要用大数据思维去发掘大数据的潜在价值。

什么是大数据思维？维克托·迈尔-舍恩伯格认为：大数据思维需要全部数据样本而不是抽样样本；关注效率而不是精确度；关注相关性而不是因果关系。因此，应该正确理解大数据的价值含义，大数据并不在“大”，而在于“有用”。大数据思维首先就是要能够充分理解数据的价值，并且知道如何利用大数据为企业经营决策提供依据，即通过数据处理创造商业价值。

大数据思维核心是理解数据的价值，通过数据处理创造商业价值。《哈佛商业评论》指出：数据科学家是21世纪最性感的职业。在获取海量数据后，就要考虑如何去利用数据。数据科学家就是采用科学方法、运用数据挖掘工具寻找新的数据。大数据时代正是凸显了数据科学家的重要性以及将数据分析和业务结合的必要性。当具备硬件和数据基础设施时，需要有人将大量散乱的数据变成结构化的可供分析的数据，进行整合、清理来形成结果数据集。

人才雷达就是一个典型例子。基于每个人在网络上留下的包含着其生活轨迹、社交言行等个人信息的网络数据，依靠对这些数据的分析，从个人的网上行为中剥离出他的兴趣图谱、性格画像、能力评估，基于数据挖掘的人才推荐平台人才雷达能够帮助企业更高效地实现人岗匹配，提供猎头服务。为了评估一个技术人员的专业技能，人才雷达会利用其在专业论坛上的发帖数、内容被引用数、引用人的影响力等数据进行信息建模和评估，完成其专业影响力的判断。同时，微博的数据也被充分利用起来，其中折射出的社交关系也是判断一个人职业能力的因素之一。所以，判别用户在社交网络上其好友的专业影响力也是人才雷达推荐系统中的一个重点。同时，即使被推荐者的个人能力难以符合职业需求，但如果他有着能力不错的好友关系，则也可以作为合适的“推荐人”将任务传播到下一层级当中。不同用户在社交网络上的行为习惯也是不同的，例如发微博的时间规律，在专业论坛上停留的时间长短，这些行为模式可以用来判别其工作时间规律，看其是否符合对应的职位需求。通过各种数据源的融合和分析，人才雷达不仅能够在节省成本的前提下帮助企业提高人才招聘的效率，与传统的猎头业务相比，其采用群体智慧的方式能够更广泛和客观地筛选人才，并且由于其被动测量的方式也能在一定程度上避免直接面试时部分求职者的虚假表现。它现在的客户有淘宝、微软、百度等知名企业。

亚马逊于 2013 年 12 月获得“预期递送（anticipatory shipping）”新专利，使该公司甚至能在客户点击“购买”之前就开始递送商品。该技术可以减少交货时间和减少消费者光顾实体店的次数。在专利文件中，亚马逊表示订购和收货之间的时间延迟可能会削弱顾客从电商购买物品的热情。亚马逊指出，它会根据早前的订单和其他因素，预测某一特定区域的客户可能购买但还未订购的商品，并对这些产品进行包装和寄送。根据该专利，这些预递送的商品在客户下单之前，存放在快递公司的寄送中心或卡车上。在预测“预期递送”的商品时，亚马逊可能会考虑顾客过往的订单、产品搜索、愿望清单、购物车的内容、退货商品，甚至顾客的鼠标游标停留在某件商品的时长。这项专利表明，亚马逊希望能充分利用它所拥有的海量客户信息，借此形成竞争优势。

大数据最本质的应用就在于预测，即从海量数据中分析出一定的特征，进而预测未来可能会发生什么。当不同的数据流被整合到大型数据库中后，预测的广度和精度都会大规模提高。

互联网时代的各种商业模式，如精准营销、定向推送等，都是建立在对大数据的处理和应用基础之上的，得数据者得天下，已成为网络时代的必然。

第6章
求是思维

6.1　一切按规律办事

古人云："天行有常，不为尧存，不为桀亡。应之以治则吉，应之以乱则凶。"这个天行有常就是指客观规律，就是日月星辰、斗转星移中一年四季、冷暖交替，就是人类社会发展的历史轨迹，就是人类认识自然，利用自然与自然和谐相处的年年月月，就是宇宙万物从生成、发展到消亡的根本法则。它不会随某个人的存在而存在，也不会随某个人的消亡而消亡，它是不以人们意志为转移的客观规律。如果我们能积极认识自然，能动性地去研究客观规律、准确把握客观规律的各种要素，顺应客观规律去学习、工作、生活，充分利用客观规律中蕴含的巨大潜能去发展我们的事业。那么，就一定会成功，就一定会取得事半功倍的效果。反之，如果我们不按客观规律办事，凡事只凭主观愿望蛮干，不懂得人与自然只有良性互动才能永久和谐共处的道理。那么，我们将会受到大自然的惩罚，受到客观规律的强力制约，就会给当代人类及子孙后代造成严重恶果。

规律是客观存在的，是不以人的意志为转移的，违背客观规律办事，就会受到应有的惩罚。在新疆曾经发生过这样的故事：天山脚下小村庄的一匹漂亮母马，失去了配偶，村里人想再找一匹公马，希望能形成一个骏马群落。在多次寻找无果后，人们最终想到了这匹母马的儿子，一匹强壮彪悍浑身无一根杂毛的白马。但牧民们非常清楚，马不近亲交配，鞭打也不行。于是他们用黑布罩住了两匹马的眼，怀着畸形的心理，将雄健的公马拉到美丽的母马旁。人们如愿以偿。事后，一位牧人想木已成舟，于是在百米外取掉马的眼罩。白马回头看了一眼母马，仰天长啸；母马也认出了白马，顿时扬起了前蹄，几乎将身体竖起，爆发悲鸣。牧民们猛然惊醒，意识到将要发生什么。然而一切都来不及了，白马拼死挣脱缰绳，向远处的崖边跑去，纵身一跳；而此时母马也脱缰向相反的方向跑去，面对万丈深渊，毫不犹豫地跳下去……

这个故事告诉我们一个深刻的道理：规律是客观的，是不以人们的意志为转移的。它既不能被创造，也不能被消灭。同时规律还表现出不可抗拒性。当人们没有违背规律时，似乎感觉不到它的存在。而人们的行动一旦违背了它的要求，受到惩罚的时候，就会明显感觉到它的存在。故事中“马不近亲交配”是客观规律，而人的悲哀就在于违背了这一客观规律，怀着畸形的心理，夹裹着人的私欲，偏要试一试，其结果不言而喻。因此，我们不论办什么事情，都要按客观规律办事，否则就会出大事。

规律是客观存在的，但是如果能够主动认识和把握规律，就会收到意想不到的效果。1875 年某日，美国某肉类食品公司的老板在报纸上看到一篇报道——墨西哥发生了畜瘟疫。他认为，如果墨西哥真的发生了瘟疫，必然会很快传到相邻的美国的加利福尼亚州和得克萨斯州，而这两个州都是美国的肉类食品供应地，一旦发生瘟疫，政府必然会下令禁止这两个州的肉类食品外运。于是，这位老板立即派他的私人医生到墨西哥进行实地考察。第二天，医生打来电话，说那里确实发生了畜瘟疫，而且情况非常严重。这位老板立即从上述两州购买牛肉和生猪，并火速运往美国东部。几天后，瘟疫传入美国，政府下令禁止这两个州的肉类外运，美国市场因肉类食品短缺而涨价，这家肉类食品公司却因此获利 9000 万美元。

从这个典型的案例可以看出，规律虽然是客观存在的，不以人的意志为转移，不可创造，不可抗拒，不可消灭，但人们可以充分发挥主观能动性，去认识和利用规律为人类造福。案例中的美国某肉类食品公司的老板就是自觉运用了价值规律以及价格与供求之间的相互影响和相互制约的关系，在激烈的市场竞争中运筹帷幄，决胜千里，最终赚了个盆满钵满。

在日新月异的互联网时代，作为互联网企业经营者更要在不断提高自己业务素质的同时，也要尊重市场在资源配置中的基础性作用，善于及时捕捉市场信息，不断创新和调整自己的经营方向和经营目标，改善自己的经营策略和商业模式，争取市场主动权与支配权，提高在互联网经济大潮中搏击风浪的勇气与智慧，提高驾驭市场的能力和应对复杂局面的能力，成为数字时代的弄潮儿。

规律具有客观性，要尊重规律，按客观规律办事。下面这个故事很好地诠释了尊重客观规律的重要性。有一次，一群科学家在海边考察，发现一只小海龟从沙堆上的一个洞穴里探出头来四处张望，在确认没有危险之后，慢慢地、警惕地朝海里爬行，一只在空中盘旋的海鸟发现了它，使冲了下来，小海龟急忙掉头往回爬。这群科学家见状，恻隐之心顿生，决定帮小海龟一把。他们跑过去抱起小海龟，把它放到海里去。正当他们为自己的“义举”而沾沾自喜时，始料不及的事情发生了。洞穴里别的小海龟见爬出去的那只小海龟没有回来，以为外面安全了，便纷纷往外爬。这立即引来了一大群海鸟，他们不断地冲下来，享用着丰盛的美餐。实际上，第一只爬出来的小海龟是出来探路的哨兵，一旦有危险就回去报信。人们出于好心帮了这只小海龟，却害惨了整窝海龟。这件事告诉我们，大自然有自己的法则，并且许多法则是我们还没有掌握的。如果人为进行干涉，往往会好心办坏事。人们环境意识淡漠的时候，把好吃的动物捉来吃，好玩的东西捉来玩，无所不用其极。随着人们环保意识的提高，很多人把动物当作宠物养起来，过度地精心呵护，这种做法似乎又矫枉过正，走向了另一个极端。细细想来，这两种做法都违背了自然法则，动物是大自然的重要组成部分，只有在自然中磨炼，才能健康成长。人类只要不去干预它们的生活，就是对它们最好的保护。

不能任意地创造或消灭规律，也不能任意地改变规律。某人得到了一个蝴蝶的茧，据说那只茧会变成一只紫色的美丽蝴蝶。一天，茧里的幼虫把茧咬破了一个小口。这人坐在桌子前，仔细地看着蝴蝶宝宝费力地挣扎着，想要破茧而出，好像母亲分娩一样。那个看不清形状的小生命折腾了好几个小时，还是没有什么进展。又过了一会儿，它好像筋疲力尽，停了下来。这个人决定帮它一把，于是把茧的口子剪大了一些。小蝴蝶终于完全出来了。然而，它没有像人们预料的那样展翅飞翔。它战战兢兢地抖动着一对皱巴巴的翅膀，身体还像一个肿肿的小虫。它始终没有飞起来，它一直在桌子上，带着那对紫色的萎缩的翅膀和一个肿胀的身体蠕动着，直到死亡的来临。其实，正是那人的“好心”断送了蝴蝶的生命。因为大自然设计的每一步都有其存在的意义。在蝴蝶破茧而出的挣扎中，它会把身体里多余的水分挤到翅膀里，当它终于自由的那一刻，它才能拥有轻盈的身体和丰盈的双翅。

上述故事中的主人公不但没有帮助蝴蝶健康成长，反而促其早亡。这和“揠苗助长”的寓言故事有惊人的相似之处。因此，我们要发挥人的主观能动性，认识和改造世界，必须严格地尊重客观规律，按客观规律办事，绝不能违背客观规律。

正确地认识世界和改造世界必须坚持一切从实际出发。一位呆秀才下乡，一条水沟挡住了去路。他取出书来，仔细翻看，却怎么也找不到如何过沟的方法。一位农夫告诉他，不用翻书，跳过去就行了。秀才听了他的话，双脚一蹬，往上一跳，竟落到水中。农夫说，不是那种跳法。说罢，单脚起跳，一跃而过。秀才看了埋怨道：“单脚起步为跃，双脚起步为跳，你该说跃，不该说跳……”

认识和利用客观规律必须坚持一切从实际出发，反对教条主义和本本主义。这个秀才的做法就是教条主义、本本主义的典型表现。世界的本质是物质，物质决定意识，意识是物质的反映，要正确地认识世界和改造世界，必须坚持一切从实际出发，使主观符合客观，反对从主观出发，反对教条主义和经验主义。

想问题、办事情时必须按照客观规律办事。猴子以顽皮而著称，一般来说不会有人担心它不蹦不跳。但近期峨眉山旅游管理中心的工作人员却为那里的猴子不“玩”而发愁。原因是由于游客经常把自带的食品、饮料扔给猴子吃，猴子们吃饱喝足，倒头大睡，缺乏必要的锻炼，结果造成体重超标，有的重达 80 多斤，有的得了肥胖症，患了高血压、心脏病，本来天性顽皮的猴子却不再顽皮。管理中心的工作人员不得不采取措施，如禁止游客把自带的食品、饮料扔给猴子，工作人员定时敲锣喂食，保证其充分的活动时间，并合理搭配饮食，以便重新让猴子“玩”起来。这一事例告诉我们，规律的客观性要求我们在想问题、办事情时必须按照客观规律办事。猴子的喂养和管理也必须合乎其天性，顺乎其自然，遵循其规律进行，否则，也会出现意想不到的大麻烦。

顺其自然就是最好地利用客观规律。一位建筑师设计了一套综合楼群。崭新的楼房一座座拔地而起，即将峻工时，园林管理部门的人，向建筑师要铺设人行道和绿化等设计。建筑师说："我的设计很简单，请你们把楼房与楼房之间的全部空地都种上草。"园林工人虽然很不理解，但是只能依据建筑师的要求去做了。结果在楼房投入使用以后，人们在楼间的草地上踩出许多小道，走的人多就宽些，走的人少就窄些。在夏天，草木繁茂的季节，这些道路非常明显、自然、优雅。到了秋天，建筑师让园林部门沿着这些踩出来的痕迹铺设人行道。当地的居民对这位建筑师的人行道设计非常满意，他们感到方便、和谐、优雅，愿意走这些道路。成功优美的设计，是由于建筑师掌握了顺其自然的规律。这个故事告诉我们做事情必须抛弃主观随意性，以物质第一性为原则，遵守客观规律。

客观规律是公平的，也是无情的，无论谁违背了它，都会受到惩罚。英国伟大的科学家、生物进化论的创始人达尔文于1836年出海航行回来的两三年后结婚。那时他二十六七岁，正如他已经在科学领域获得了丰硕成果一样，他的爱情生活也是幸福美满的。达尔文的妻子就是他的表妹，名叫爱玛·韦吉伍德。结婚以后，他们买了一所有宽大花园的乡间住宅。在那里定居下来以后，他就专心致志于他的科学研究和写作。爱玛是一个温存善良的女子，不仅关心、体贴达尔文，而且支持达尔文的科学事业。达尔文身体不太好，依靠爱玛对他的关心和安慰，他才战胜了疾病的折磨，并且以全部精力和热情投入到科学事业中，从而对人类做出了巨大的贡献。同时，爱玛还帮助他修改排印出来的著作和论文清样，并且选用警句来加强达尔文论证的说服力。一旦达尔文病痛发作，她总是毫无怨言地对他备加照顾，以至于达尔文经常对她说："像你这样照顾我，使我觉得即使生病也是值得的。"他称她是"世界上最好、最善良的妻子"。达尔文当然也没有辜负他的妻子。他对妻子的温情体贴不少于爱玛对他无微不至的关怀。他们夫妻的生活无疑是十分默契和谐的。但是，不幸的阴影却悄悄地笼罩着他们的家庭。这位伟大的科学家在婚恋问题上粗心大意地忽略了一个遗传学的规律：近亲结婚对后代的危害很大。他感情战胜了理智，同爱玛结婚。但灾难性的后果也就酿成了，他们所生的10个孩子，都有各种各样的疾病。有3个孩子很小时就夭亡了，其中大女儿安妮，聪明伶俐，但娇弱多病，刚过10岁生日就死了。其余7个孩子，除了三女儿伊丽莎白终身未婚外，竟有3个终生不育，分别是二女儿埃蒂、大儿子威廉和四儿子纳德。而且，在达尔文的7个活下来的孩子中，都程度不同地患有精神疾病，有的还很严重。达尔文家族原来人丁兴旺，到他的下一代，门庭就逐渐冷落了。事实说明，客观规律是无情的，是不能违背的。即使如达尔文这样对物种起源、生物进化有高深研究的科学家也是无能为力的，他违背了科学法则，同样要自食其果，受到惩罚。

6.2 善假于物得远行

善假于物是指当内部的条件没有达到期望的助推功能时，善于借助一切对实现目标有利的形势和机会，尽量规避过程中出现的最大风险，通俗地说就是借助于外部的条件和力量为己所用。虽然说内因是基础，是成功的决定因素，但是外部条件的作用也不容忽视。人类之所以能够在空中自由飞翔是借助飞机的结果，人类之所以能够渡过江河湖海是因为借助了船舶的力量。善假于物，就是要善于顺应和利用客观规律，通过不断进行自我提升，来实现自己的预期目标。懂得从平凡小事中悟出道理、受到启发，善于借助外物的提示，助力自己研究和解决当下的难题，为自己铺平前进之路。牛顿发现万有引力定律就是一个典型的例子。牛顿从苹果落地这种司空见惯的平常事中，受到启发，发现了万有引力定律，这恰恰是源于善假于物，牛顿就是善于借助外物的提示，从而一步步揭示了震惊世界的万有引力定律。德国科学家魏格纳，在一张地图的启发下，提出了著名的大陆漂移说。善假于物不仅可以借助外物的提示有所发现、有所成就，而且有时还可以改变现状，避免灾难，使其符合自己的意愿。“鹳鸟移窠”的寓言就很好地诠释了这一道理。墓门老人在看到鹳鸟把巢移到更高位置后，凭借自己的经验预测山洪即将爆发，大水将要来临，于是就把这一消息告诉了子游，子游便积极地组织大家修造船只，最终幸免了一场灾难。但巨大的山洪没过了大树，将鸟儿的巢窠给冲走了。子游借助了鹳鸟的消息和“水涨船高”的道理，改变了危急的现状，这正是他善假于物的表现。如果子游不懂得善假于物，他将对墓门老人的提示无动于衷，或者只是像鹳鸟那样，单纯地把巢移到更高的位置，不积极地引申思考、造船自救，最终还是逃不过这场灾难。所以说，善假于物，才能顺应规律，自我提升，才能敏锐地发现来自外物的提示，并尽自己的最大能力使其顺应自己的意愿。

善假于物是统帅的必备素质之一。唐太宗李世民不仅是一位开创了贞观之治的英明君主，而且是一位历史上赫赫有名的军事统帅。他总是能以弱敌强出奇制胜，或以强吞弱稳操胜券，创造了一个个传奇战例，被后世津津乐道。在著名的浅水原之战中，李世民利用敌军粮草供应不足的外部条件，与敌方相峙了六十多天，一直等到对方粮尽，敌军两名将军来降，方才开战，并且利用有利地形诱敌深入，利用自己的骑兵优势，对敌人进行内外夹击，最终大获全胜。李世民百战百胜的秘密就是懂得因时因地制宜灵活运用战术。他从小熟读兵书，很多兵家兵法战术他几乎都烂熟于胸，但他并没有套用书本，而是巧妙地利用地形地物来作战。在洛阳大战王世充时，他利用夜战、水战的条件取胜。而在大战刘黑闼时，李世民让人游到上游筑坝堵水，使河水变浅，诱敌过河，到战败敌人渡河逃回时突然把坝扒开，致使河水猛增淹死敌人无数，更是善假于物（利用地理条件）作战的成功案例。

非常经典的武牢之战，是李世民写在中国军事史上的传奇。公元619年，李世民率众攻打王世充时，前来救援的夏王窦建德挟十万大军疯狂扑来。当时窦建德攻克曹州，俘虏孟海公，士气正盛，所以自认为志在必得。李世民手下的萧禹、屈突通、封德彝等谋臣武将都认为唐军腹背受敌，提出了退守暂避敌锋的建议。可李世民认为，王世充已是秋后的蚂蚱了，不足为虑，而窦建德持骄躁之兵而来，如果把握武牢这个要塞，急于求战的夏军必然为我方所破。但如果我方退避或是行动不迅速，让窦建德占领了武牢，与王世充形成合力，就很难再消灭了。于是，李世民留下李元吉、屈突通继续围攻洛阳，自己只带领三千五百人就奔武牢而去。从兵法来讲，李世民这一招叫"围点打援"。但从实力上讲，以三千五百人对阵十万大军，这在一般的正常人看来，简直是发了疯，是在拿将士的生命开玩笑。但年轻却老谋深算的李世民摸透了窦建德的脾气，派出小股骑兵接二连三实施骚扰，大胆地在黄河北岸牧马诱敌轻出。志大才疏的窦建德果然命令士兵快速前进，夏军绵延二十里，陈兵于汜水对岸，与武牢只一河之遥。《旧唐书》上描述唐军说："鼓噪，诸将大惧。"李世民方只有三千五百人，而十万敌军全线推进，那场面怎不令人胆寒？但李世民却镇静自若，他只带了几个人来到高处观看敌人动向，对诸将说："夏军从来没遇到过真正强大的对手，所以非常轻视我们，列阵喧嚣，是纪律松散的表现。我军按兵不动，时间一长他们的士气就会低落下来。等他们士兵饥疲交困后退之时，我军追而击之，必然大获全胜。我和大家打个赌，一定会在午后打败夏军。”果不出李世民所料，窦建德的军队从早上一直忙到中午，又饿又累，很多都坐了下来喝水休息，有些则琢磨着如何后退。待战机成熟后，李世民一声令下，亲率虎狼之师风卷残云一般渡过汜水直扑敌阵。夏军甚至来不及重新布阵即被冲垮，李世民与史大奈、程咬金、秦叔宝等人挥着大旗左突右冲，如入无人之境，夏军全面崩溃。这一战，追出三十多里，杀死夏军三千多人，生俘五万多人，生擒夏王窦建德。李世民以自己的辉煌战果兑现了战前的诺言。大势已去的王世充一看如此情形，很快就放弃了抵抗献上了洛阳，做了唐军的阶下囚。李世民以微弱之师大破强敌，创下了世界战争史上的一大奇迹。

互联想网时代更要巧用借力思维。借力思维是通过借助热点事件、人物等其他方面的力量来展示或者提升品牌的价值。借力思维的好处：一是高收益。用户的时间和心智是有限的，借助热点事件、人物会得到用户更多的关注，从而达到精确推广，获得较高的回报收益，这个类似于各大平台的热搜，比如在双 11 各大电商平台的品牌投放，对于广告推广都加上双 11 标签，可以得到较多的流量和关注。二是低成本。推广费用是一定的，热点事件、人物本身就具有一定影响力，只需要投入少量成本就可以达到效果。三是更强的信任。借助品牌的背书，和对名人的好感可以更快地获得用户的信任。四是学习的速度快。借助他人的智慧，向他人学习的速度远超向书本学习的速度。五是传播效果好。借助于人脉或者品牌效应，都可以让广告或者其他宣传传播得更快。

借力思维在互联网上的具体应用。一是善借客户之力。借自己客户的力，去打造自身产品品牌的知名度，降低客户成本，给自己免费宣传，和客户一起互惠互赢。比如全球最大的电脑芯片制造商英特尔的崛起就是在于借客户之力，英特尔对自己的客户电脑厂商承诺只要外包装、说明书和广告上加上一句内含英特尔芯片，英特尔公司就给电脑厂商 **5%** 的广告补助。结果购买电脑的人一看到电脑广告上写着内有英特尔，就自然地认为英特尔的芯片是非常好的，从而英特尔品牌迅速崛起，在硬件行业占有了很大市场。二是善于借竞争对手之力。事业发展需要相互竞争才会有进步，选择合适的竞争对手，借助强大的对手迅速上位，就等于选对了合作伙伴，学习竞争对手的优点，甚至是模仿他的模式。对于互联网运营来说，很多东西需要去探索和学习，因为用户注意力的分散程度比较严重，所以通过一个新的途径很难在短时间内吸引到用户的关注，这就需要去模仿强大竞争对手的长处，然后根据自身的实际进行调整与改良，开辟出更适合自己当下的路，因此，借力于竞争对手，能够大大减少探索的时间。例如，蒙牛最初的广告标语是向伊利学习创立内蒙古乳业第二品牌，通过对伊利品牌的学习，使蒙牛迅速崛起。再如，肯德基利用麦当劳非常强大的选址能力，麦当劳在哪里开店肯德基也就在哪里开店，结果在选址上从无失误。三是善于借名人之力。很多大品牌都会在投放广告的时候，请明星代言，符合产品本身特质的明星，或者是当下的流量明星都是选择的对象。如果你请不到名人，你也可以去借名人的人气，在互联网运营当中，互联网本身就是基于流量而存在的。但针对于很多小品牌，当没有能力或者机会邀请到名人时，也可以邀请小众明星，这样费用少，可以随时择优选择，更适合小品牌。四是善于借历史之力。经过历史锤炼的东西，一定是经过了多重选择，多重改变，大浪淘沙而来，可以增强用户的信任感和认同感，提升吸引力。在互联网广告里也可以写上具有历史感的内容，以增加用户的信任度，但要注重真实性，防止绝对化，遵从每个平台的审核规则。五是善于借政府之力。借助于政府的支持，在很多方面都增强了用户的认同感和信任感。对于互联网运营，很多地方地产类公司的广告都有标明来自某某政府的支持，这种效果不言而喻，尤其是对于需要付出很大资金的项目尤为重要，但不允许使用政府机构名称的项目和产品应特别注意。六是善于借人脉之力。根据六度分隔理论，世界上任何两人之间最多通过六个人就能联系起来，相信人脉的力量，人脉有时候可以帮助我们扩大传播，甚至起到意想不到的效果，尤其在互联网的时代，建立起人脉，对于传播宣传方面的影响力是至关重要的，利用好朋友圈的力量，就能够最大限度地扩大宣传影响力。

很多成功者并不是他的能力有多强，而是他能整合更多的资源，这种整合资源的能力就是借力思维。更是互联网思维的重要组成部分。

6.3 数据为王才是硬道理

所谓大数据是指无法在一定时间范围内用常规软件工具进行捕捉、管理和处理的数据集合，是具有更强的决策力、洞察发现力和流程优化能力的海量、高增长率和多样化的信息资产。数据与互联网的发展相辅相成。一方面，互联网的发展为大数据的发展提供了更多数据、信息与资源；另一方面，大数据的发展为互联网的发展提供了更多支撑、服务与应用。IBM 提出了大数据的五大特点：大量、高速、多样、价值密度低和真实性。大数据的大小决定所考虑的数据的价值和潜在的信息；合理运用大数据，才能以低成本创造高价值。

物联网是互联网大脑的感觉神经系统。因为物联网重点突出了传感器感知的概念，同时它也具备网络线路传输、信息存储和处理、行业应用接口等功能。而且也往往与互联网共用服务器、网络线路和应用接口，使人与人、人与物、物与物之间的交流变成可能，最终将使人类社会、信息空间和物理世界融为一体。

云计算是互联网大脑的中枢神经系统。在互联网虚拟大脑的架构中，互联网虚拟大脑的中枢神经系统是将互联网的核心硬件层、核心软件层和互联网信息层统一起来为互联网各虚拟神经系统提供支持和服务，从定义上看，云计算与互联网虚拟大脑中枢神经系统的特征非常吻合。在理想状态下，物联网的传感器和互联网的使用者通过网络线路和计算机终端与云计算进行交互，向云计算提供数据，接受云计算提供的服务。

大数据是互联网智慧和意识产生的基础。随着社交网络、云计算以及物联网等技术的兴起，互联网上数据信息正以前所未有的速度增长和累积。互联网用户的互动，企业和政府的信息发布，物联网传感器感应的实时信息，每时每刻都在产生大量的结构化和非结构化数据，这些数据分散在整个互联网网络体系内，体量极其巨大。这些数据中蕴含了经济，科技，教育等领域非常宝贵的信息，这就是互联网大数据兴起的根源和背景。与此同时，以深度学习为代表的机器学习算法在互联网领域的广泛使用，使得互联网大数据开始与人工智能进行更为深入地结合，这其中就包括在大数据和人工智能领域领先的世界级公司，如百度、谷歌等。互联网大数据与人工智能的结合为互联网大脑智慧和意识的产生奠定了基础。

互联网中枢神经系统也就是云计算中的软件系统控制工业企业的生产设备、家庭的家用设备、办公室的办公设备，通过智能化，3D 打印，无线传感等技术使得机械设备成为互联网大脑改造世界的工具。同时这些智能制造和智能设备也源源不断向互联网大脑反馈大数据，供互联网中枢神经系统决策使用。“互联网+”本质上反映互联网从广度、深度影响现实世界的动态过程。互联网从 1969 年在大学实验室里诞生，不断扩张，从美国到美洲其他国家和地区，从亚洲、欧洲到非洲、南极洲，应用领域从科研到生活，从娱乐到工作，从传媒到工业制造业。互联网进化的规律，也就是互联网从广度、深度影响现实世界的过程。互联网从实验室扩张到智慧宇宙的过程，其实也可以看作“互联网+”的未来发展趋势。

提到互联网与大数据，就必须说到云计算。云计算关键作用在于“整合”，无论是通过现在已经很成熟的传统的虚拟机切分型技术，还是海量节点聚合型技术，都是通过将海量的服务器资源通过网络进行整合，调度分配给用户，从而解决用户因为存储计算资源不足所带来的问题。位置物联网即通过各种信息传感设备，按约定的协议，把任何物品与互联网相连接，进行信息交换和通信，以实现对物品的智能化识别、定位、追踪、监控和管理的一种网络。而解决定位和追踪问题，本质上就是解决人与物、物与物的位置连接问题。

移动互联网、云计算、大数据、物联网等与现代制造业结合，促进电子商务、工业互联网和互联网金融健康发展，引导互联网企业拓展国际市场。“互联网+”实际上是创新2.0下互联网发展的新形态、新业态，是知识社会创新2.0推动下的互联网形态演进。通俗来说，“互联网+”就是“互联网+各个传统行业”，但这并不是简单的两者相加，而是利用信息通信技术及互联网平台，让互联网与传统行业，进行深度融合，创造新的发展生态。

大数据改写人们全新看世界的方法。在互联网时代，数据已经渗透到当今每一个行业和业务职能领域，成为重要的生产因素。人们对于海量数据的挖掘和运用，预示着新一波生产率增长和消费者盈余浪潮的到来。大数据随着互联网和信息行业的发展越发受到人们的关注和青睐。对于互联网行业来说，“大数据”是指互联网公司在日常运营中生成、累积的用户网络行为数据。大数据虽然孕育于信息通信技术的日渐普遍和成熟，但它对社会经济生活产生的影响绝不限于技术层面，本质上，它是为我们看待世界提供了一种全新的方法，即决策行为将基于数据分析做出，而不是像过去凭借经验和直觉做出。

互联网时代得数据者得天下。大数据不仅对社会经济发展产生巨大影响，同时也对政治、文化等方面产生深远的影响，大数据可以帮助人们开启循“数”管理的模式，也是我们当下“大社会”的集中体现，三分技术，七分数据，得数据者得天下。大数据的影响，增加了对信息管理专家的需求。事实上，大数据的影响并不仅仅限于信息通信产业，而是正在“吞噬”和重构很多传统行业，广泛运用数据分析手段管理和优化运营的公司其实质都是一个数据公司。大数据是变革经济的力量，生产者是有价值的，消费者是价值的意义所在。有意义的才有价值，消费者不认同的，就卖不出去，就实现不了价值；只有消费者认同的，才卖得出去，才能实现价值。大数据帮助我们从消费者这个源头识别意义，从而帮助生产者实现价值。

互联网大数据的八个趋势：数据的资源化、与云计算的深度结合、科学理论的突破、数据科学和数据联盟的成立、数据泄露泛滥、数据管理成为核心竞争力、数据质量是商业智能成功的关键、数据生态系统复合化程度加强。

2B 是目前大数据行业主要的商业模式，将大数据变为一种服务，服务的对象是企业或机构。从运营状况不难看出，2B 的商业模式，要么是做解决方案，要么就是做工具。对于一家企业来说，大数据就是自己的资产，相信企业更倾向于自己管理自己的内部资产。企业更愿意用自己的人才管理自己的大数据，用自己的人才使用自己的大数据。因此，2B + 2C 的复合商业模式仍是大数据公司发展的主流方向。因为这样的模式形成了一个商业闭环，是一种最健康的模式。收集用户的数据，分析出报告，然后提供给对应的企业，对应的企业根据数据反馈，从而开发或制造出更好的产品，让用户享受更智能更美好的生活。整个过程中，大数据是贯穿始终的。跨界和融合，其实也是大数据思维里最重要的一环。大数据就像资金一样，流动起来才能产生价值。国云数据CEO马晓东表示，不要跟着概念创业，从真实需求出发，从企业和用户对数据的需求出发做大数据产品，找准自己的定位是关键。

6.4 借船出海更经济

互联网时代，人们几乎每天都离不开手机、电脑，也就是网络。互联网不仅影响着社会经济形态和商业经营模式，还在全方位地影响着我们的生活，影响着我们的生活方式和思维方式，互联网时代就应该具备与时俱进的互联网思维，概括地说，永远站在用户一边，而不是对立面；核心竞争力产品一定要免费，越有竞争力的东西越要免费；不要期待每个用户都会付费，但是总会有部分用户付费。基于这些思考，在互联网时代，“借船出海”显得越来越重要，也成为互联网思维的重要内容之一。

资源整合，借船出海。商业的本质是资源交换。资源整合又是营销的最佳方式。世界上所有的商业环境都是靠资源在运作，但是很多人拥有得天独厚的资源，却不懂得如何通过有效地交换来实现价值，造成闲置浪费或者说不能最大限度地将资源的价值发挥出来。由此可见，凡是闲置的资源，或没有被完全利用好的资源，没有发挥出威力的资源，或没有被发现的资源，都存着利用与优化的空间，这就蕴藏着商机。实事求是地讲，我们身边很多资源并没有发挥出它的全部威力，很多的资源都需要优化，换句话说就是商机无处不在，要想整合资源，就必须训练一双善于发现资源的眼睛，像老鹰搜寻猎物一样，不要放过任何机会。俗话说：世界上没有免费的午餐。互联网思维先圈用户后圈钱，“挟用户以令诸侯”，当积累的用户足够多时，再通过商业手段进行催化，实现其价值。“免费坐大巴”就是一个借船出海，资源整合的优秀案例。

免费坐大巴却盈利上亿元的秘密到底在哪里呢？相信不少人都有过搭飞机的经验，通常下了飞机以后还要再搭乘另一种交通工具才能到达目的地。在四川成都机场有个很特别的景象——当你下了飞机以后，会看到机场外停了百余部黄色的休旅车，车身上写着“免费接送”，这种黄色的休旅车，只要一辆车坐满了，司机就会发车带乘客去市区的任何一个点，完全免费。这是四川航空公司基于互联网思维所推出的“免费营销”策略，为了提供上述免费的接送服务，一次性从风行汽车订购150台风行菱智MPV，此举为四川航空公司带来上亿元利润。免费的车怎么也能给四川航空公司创造这么高的利润呢？这就是商业模式的魔力。如果你搭出租车前往市区，那么平均车费为150元，而搭乘这种休旅车是免费的，首先解决了对用户的吸引力问题。原价一辆14.8万元的MPV休旅车，四川航空公司以9万元的价格一次性购买了150台，风行汽车以如此低廉的价格出售给四川航空公司的条件是，司机于载客的途中提供乘客关于这台车的详细介绍。简单说，就是司机在车上帮风行汽车做广告，销售汽车，在乘客的乘坐体验中顺道介绍车子的优点和厂商的服务。每一辆车可以载7名乘客，以每天3趟计算，150辆车，每年带来的广告受众人数是：7×6×365×150=2299500（人），超过200万的受众群体，并且宣传效果也非同一般。风行汽车虽然以低价出售车辆，不过该公司却多出了150名业务员宣传产品，省下了一笔广告预算，换得了一个稳定的广告渠道。这就解决了航空公司与汽车制造商共享共赢的问题。在四川有部分人想从事出租车司机的工作，据说从事这行要先交一笔和轿车差不多费用的保证金，而且他们只有车辆的使用权，不具有所有权。因此四川航空公司征召了这部分人，以一辆休旅车17.8万元的价钱出售给这些司机，其中包含了稳定的客户源、特许经营费用和管理费用，并且他们每载一个乘客，四川航空就会付给司机 25 元人民币，对司机而言，与其把钱投资在自行开出租车营业上，不如成为四川航空公司的专线司机，获得稳定的收入，而四川航空公司立即一次性进账 1320 万元人民币：[(17.8 万元 - 9 万元) × 150 辆车 = 1320 万元]。这实现了四川航空公司与司机的共享共赢。接下来，四川航空公司推出了只要购买五折票价以上的机票，即可享受免费市区接送的服务。对乘客而言，不仅省下了 150 元的车费，也解决了机场到市区之间的交通问题，这 150 辆印有“免费接送”字样的车每天在机场和市区间往返，这个优惠信息自然会传遍大街小巷。当这个商业模式成熟后，据统计，四川航空公司平均每天多卖了 1 万张机票。这显然又实现了四川航空公司与乘客的共享共赢。在这个案例中，四川航空公司将将汽车公司的汽车、出租车司机以及乘客需求进行了资源优化整合。“借船出海”借助免费的休旅车既实现了平均每天多卖出了 1 万张机票，也进一步提升了四川航空公司的服务。

传统企业借互联网之船出海，成为转型升级的必然选择。互联网产业最大的机会在于发挥自身的网络优势、技术优势、管理优势等，去提升、改造线下的传统产业，改变原有的产业发展节奏、建立起新的游戏规则。互联网发展到今天，已然成为全球共同面对的课题，对于传统企业来说与互联网的关系不再是井水不犯河水，未来商业竞争中，互联网已经是不可避免的组成部分。TCL 与爱奇艺合作推出互联网电视，小米、华为通过互联网销售手机，苏宁从传统家电行业向电商转型，这一切的产业变革不得不让我们惊叹，互联网正在改变传统企业。对于传统企业来说，不是想不想与互联网融合，想不想向互联网升级，而是获得用户的渠道体系发生了根本性变化，倒逼传统企业转型的不是互联网，而是客户。传统企业想要突破发展瓶颈就需要构建以互联网思维、互联网技术为核心的商业模式，借助互联网的优势，融合传统企业的经营方式，从而进行全面的升级。

移动互联网时代，无论是衣食住行还是吃喝玩乐，已形成了全方位的互动，互联网已经彻底改变了人们的生活习惯和思维习惯。互联网体制的完善，彻底改变了外部市场的商业模式格局，互联网延伸的新生事物不断摧毁传统的经营方式，加之国家政策更新，不断地影响传统企业的经营管理方式。在互联网的影响下各行各业都在不断寻求转型升级的方式与方法，对于传统企业来说，与互联网接轨，向互联网升级已然是趋势。很多人都吃过三只松鼠品牌的产品，这个品牌是互联网创业成功的典型案例。三只松鼠带有品牌卡通形象的包裹、开箱器、快递大哥寄语、坚果包装袋、封口夹、垃圾袋、传递品牌理念的微杂志、卡通钥匙链，包括湿巾。从三只松鼠成功的案例背后，可以收获很多的启发，之所以三只松鼠能够从红海市场中，挖掘蓝海，更主要的是三只松鼠的互联网思维，它解决了传统坚果市场普遍存在的问题：买着累、坏的多、无包装、外壳硬、吃完手太脏、壳子没处扔等。完全是从用户角度出发，以用户为中心的互联网思维。

传统企业改造升级，就必须在企业的整个价值链的各个环节上，建立以“消费者为中心”的理念，深度地理解客户，真正地做到用户至上。企业核心竞争力的体现在于对外部市场的感知，并对内部的商业模式调整，通过对用户的深度分析，调整产品策略及服务体系，从而更好地服务消费者。

互联网的核心在于连接，通过深度的连接解决需求问题。互联网的快速发展就在于互联网具备四种与生俱来的基因，那就是电商基因、社交基因、信息基因和服务基因。电商基因解决了人与商品信息不对称的问题，同时解决了商品同质化、优劣难分的问题，成功实现了人与商品的连接。社交基因解决了人与人之间的连接与沟通；信息基因解决了人与信息之间的连接；服务基因解决了人与服务的连接。互联网思维就是对这四种基因的强化，从而解决消费者的产品需求、社交需求、信息需求以及服务需求。而这四个方面也是对于传统企业在互联网时代的升级。

传统企业的线上与线下可以是互补的，可以是融合的，将线上线下的服务需求、商品需求等融合在一起，打造体验的同时，完成对 C 端的服务。互联网思维的融入将产生强大的化学反应，要不断地去洞悉消费者的需求，解决消费者的痛点，从而产生利润。传统企业要改变“卖产品”的思维，要与客户去形成连接与互动，不断强化我们的服务与客户的需求，不断地迭代去满足。

传统企业要借船出海，借力互联网思维实现升级，就必须找准企业通往互联网的桥梁，并摸清桥下的流量去向，众所周知，经营的本质是创造利润，而利润是源于服务更多的客户，因此决定企业利润高低的关键在于客户流量，无论是做互联网还是做传统，流量都是至关重要的经营指标，有流量才会产生订单，才会产生利润，有流量才能说明产品是具备价值的。增加流量的途径多种多样，小米通过论坛聚集忠实客户，将使用的心得、建议进行互动，让小米粉丝都能感受参与感，从而聚集更多的忠实客户流量。也可以用爆款思维以及免费的方式来获得流量，通过客户路径，寻找营销节点，从而实现客户数据的积累。通过社群引流也是一个不错的选择。

传统升级互联网的三大路径：工具路径、数据路径和生态路径。所谓的工具路径就是指解决方案，是实现传统向互联网升级的表现形式。工具的选择是要依托于企业自身的升级方向。数据路径是指通过对用户流量、产品流量、信息流量的整合，形成数据流，而数据流是决策企业的经营管理、营销的依据，更是企业未来竞争的核心，谁能掌握更多的数据，谁就能对于未来的发展有更加深刻的认识。传统企业要想实现数据流的整合，就需要利用工具的整合，但是要形成数据方面的互通，才能对于整个公司的经营数据、管理数据进行统一，从而实现从传统向互联网要效益，数据路径的另一方面在于大数据的应用，大数据是将企业与客户形成了紧密联系，打破过去传统经营的方式，将客户从匿名到相互关联，需求迭代，升级企业。生态路径是指企业生态模式的搭建，是企业的战略方向。互联网的发展不断衍生出新的商业模式，同时这些商业模式也在不断地精进与升级。模式的诞生是以迎合消费者、迎合趋势为出发点，是让企业能够更好地服务消费者，更好地将产品出售给消费者，而这其中流量的获取，工具的选择，数据的整合，是影响整个模式运行的根本。

互联网对于各个传统行业的渗透，几乎是普遍存在的。而在今天来说，互联网对于传统企业已然不是冲击或是颠覆，而是结合。互联网与传统的结合，也就是把线下的业务拿到线上进行消费，消费者再回到线下体验，由此提升业务的运营效率，当然这只是很小的一个方面。更重要的是互联网思维、互联网技术去重构我们的经营理念、经营方式。

对于传统企业来说用互联网思维实现升级是一个机会，是将流量、信息、产品、数据的一个整合，保证在时间维度和空间维度上，同时实现线上+线下的高度融合，不断地迎合消费者。

互联网时代借助平台创业是一条捷径。平台不是一天建成，平台生态圈更不是一天形成的，需要天时、地利、人和等多重因素。对于创业者来讲，与其做一个平台，不如做一个平台之上的内容提供商，一家个性化的公司。创业者一开始不要想着做一个什么样的平台，所有的平台企业刚开始都是从满足一个点的需求出发的，先解决一部分人的需求，让自己成为这个领域的专家和权威，成为这个领域最好的公司。然后在慢慢发展的过程中，客户的需求量越来越大，越来越多的客户来使用你的产品，来通过你的产品或服务解决他们生活中存在的一些问题，这个时候你会逐渐地走向平台之路，但是在这个过程中始终没有改变的是你对于用户需求的理解和满足，你对于用户体验的极致追求，这样你最后才有可能真正成为一个平台型企业。创业者或中小企业在实力不足时，首先研究各个平台和用户的需求，在现有平台上个性化地去满足用户的需求。在不断优化服务并赢得用户的过程中，获得了充裕的现金流，培养和磨炼了团队，更加深入地认知了用户需求，探索向平台演进的发展之路。

北京醋溜网络科技有限公司便是善用平台获得成功的典范。这是一家和君商学院学生创业的公司，当初从和君咨询获得了 5 万元的天使投资，在经历 7 年的创业后，2012 年已经成为腾讯金牌合作伙伴。其旗下的“欢乐淘”是一款专注于年轻女性用品的导购类应用。欢乐淘定位为年轻女性提供时尚、文化、娱乐等领域的互联网应用产品与内容服务，和所谓的“第一代导购类先驱”不同，其产品模式只有十个。“限量推荐”是他们开发过程中一个被反复验证的模式。就像用户在腾讯平台上天天分享的十张图、十句话、十件糗事、十个笑话、十大星座等，都来自于醋溜网络科技有限公司的团队之手。他们在研究中发现浏览用户中 18 ~ 24 岁的女性占到 70% ~ 80%。于是，欢乐淘锁定了三、四线城市年轻女性群体进行主力推广。这个群体对商品价格较为敏感，属于 QQ 空间上活跃度最高的群体。所以选择在 QQ 空间的开放平台开发应用，一举获得了巨大流量。

6.5　自我颠覆也是按客观规律办事

“我们并没做错什么，但不知为什么，我们输了。”诺基亚 CEO 在其品牌被微软收购的新闻发布会上说出这句话后潸然泪下。为什么强大如诺基亚也没有能维持着自己的商业王国？这些推翻旧王国的创业者们又是遵从什么样的路径达到颠覆式创新的呢？

每一个企业都有一套自己所依附的商业体系，换句话说也就是企业的价值网，这张网上依附着自己的供应商与客户的行动，企业的所有活动都是在这张网上运行的。一个企业的成功程度就取决于其对价值网的适应程度，适应性越强，其盈利能力越强，企业发展越好。当新的市场开始颠覆旧的市场时，依旧用旧的逻辑去运行，那即使你做对了任何事情，最终还会失败。这就是一个价值网失效的边界。典型的例子就是联想去做手机，IBM 的小型机，大举进入，最后铩羽而归。颠覆式创新往往就来自企业的价值网之外，那是另一张全新的价值网，上面有新的客户、新的产品和新的供应商。

当一项新产品出现时，最开始的时候外型普通、功能少、性能差，它一般都是很难满足人们的需求，和人们的需求会有一定差距。但是当这个产品持续性改进到一定程度的时候，开始技术爆炸时，10 倍速变化开始产生，一旦有十倍速变化出现，旧的价值网会被快速颠覆，整个市场都在被快速的颠覆。

企业创新最好方法是进行自我颠覆，自我颠覆也是按客观规律办事。更换自己的价值网和商业模式，全面面向新的时代（移动互联网时代），自我颠覆式的创新，显得更加弥足珍贵。因为，既有的思维惯性、现有体制机制的束缚，都会制约颠覆性创新的萌芽和生长。“最好的防御就是进攻，要敢于打破自己的优势，形成新的优势。”华为总裁任正非的一次内部讲话引发外界关注，他支持无线产品线组建“蓝军”、挑战华为现行战略发展模式、力争“打败华为”的提法，让人眼前一亮。

“主动打破自己的优势”“自己打自己”是成功企业保持创新力和行业领先地位的手段之一。伴随着以移动互联网、物联网、云计算为代表的信息化浪潮持续推进，创新门槛降低，新商业模式层出不穷，这都为创新提供了土壤。正如马化腾所言，无论曾经多么领先的创新应用，都存在持续创新的空间，也存在被颠覆的可能。

按照颠覆性创新理论提出者克里斯坦森的定义，如果一项创新能够打破原有的行业生态，就可以称之为颠覆性创新。比如，把原先很贵的东西做得很便宜，把收费的东西做成免费，把稀缺的东西变得很容易获得，把糟糕的客户体验变得完美……因此，颠覆性创新并没有想象中那么神秘，它并不是从无到有的发明，而是众多微创新从量变到质变的演化结果。它起初可能并不完美，但是，它带来的崭新的用户体验和用户价值，它开创的崭新的商业模式，将影响行业未来的发展走向。

颠覆性创新的产生大致有外部和内部两个维度。来自于外部的颠覆，典型的例子是特斯拉汽车，它的 CEO 埃隆·马斯克完全没有任何汽车行业从业经验。也正因如此，他可以摒弃汽车行业的传统发展思路，选择电动豪华轿跑车切入高端市场，用硅谷 IT 行业的发展理念、前沿技术和商业模式，为 Model S 车主打造了异于竞争对手的崭新产品体验和创新价值。

如果说，来自外部的颠覆性创新需要些魄力和运气的话，源于内部、自我颠覆式的创新，就显得更加弥足珍贵。尤其对于行业龙头企业如果想保持领先技术带来的行业地位和超额利润，就必须敢于自我革命、自我颠覆，有效抑制外部颠覆性创新的产生，而为自己浴火重生，积极创造条件。

创新呼唤自我颠覆，更呼唤支撑颠覆性创新由内而生的制度保障。华为搭建“红蓝军”对抗体制和运作平台，并明确提出“要想升官，先到‘蓝军’去”的做法，彰显了一个创新性企业未雨绸缪的忧患意识、打破现行格局的远见与勇气，为其他企业永葆创新动力提供了借鉴。

从传统认知上来讲，柯达比富士大得多。富士只是一个后起之秀，可是 2012 年这个世界的格局彻底被调整。数字成像技术的出现，对整个行业形成了巨大的冲击和危机。无论是柯达还是富士，还是佳能，都受到了冲击。柯达也知道这个冲击，但是因为传统的优势部门的利益被伤害，他们并不愿意改变，2000 年这个危机就埋下去了。2001 年柯达的品牌价值在全球排名第 27 位，到 2012 年的时候，已跌落 100 名以外，市值从当时的 300 亿美元跌到 1 亿美元。这种变化对富士公司而言却是转型的机会。富士把自己变成了全新的公司，从六个单元进行技术创新、更新的调整。全面变革，各种事物都在以激烈的方式发生变化。变革使得富士成为一个全新的公司，从而获得了新生。而柯达则最后宣布破产，令人唏嘘。

进入互联网时代，那些锐意转型、积极投资创新活动、管理良好的、认真倾听顾客意见的部分传统企业，仍然丧失了市场主导地位。不是他们的能力不到位，不是他们的资金不够雄厚，而是来自企业整个组织，从创始人、董事长、高管一直到所有一线员工，没有具备完整的互联网思维。传统企业的领地，正在被越来越多的互联网公司所侵蚀，甚至一些占据明显资源优势的传统企业，也难以抵挡互联网新生代的冲击，下面把携程和青旅在线的发展轨迹做一下对比分析。

在携程的成长初期，它定位于酒店订房业务，青旅在线是主要竞争对手之一，当时，青旅在线是最被看好的，因为它拥有中青旅的资源和品牌优势，开展旅游产品营销与酒店分销，具有显而易见的优势。但是，伴随着竞争的深入，情况并不像表面看上去那么简单。青旅在线表面上有旅行社的强大资源，但事实上对于网络业务而言，旅行社越强大，它的网站就越无力。这是因为，中青旅这样的大型旅游公司业务遍布全国，业务操作上分散给各地分公司完成，如上海青旅、成都青旅等一群区域实力派。这些分公司都有各自的利益诉求，几乎无法在全国范围内按照一致的标准推行任何一项业务。同时，初期的线上业务收入肯定不够显著，却注定会对线下业务产生影响。这更使线下的各公司有理由抵触乃至排斥青旅在线的发展，网站各种发展中必需的资源投入自然无法保障。

与青旅在线相比，携程的资源投入高度聚焦，它把全部资源和注意力都投入到酒店分销以及如何扩大客源方面。先后收购了现代运通和商之行，一举成为北方市场最大的酒店分销商。然后开始免费派发携程订房卡，直到今天，机场还可以看到携程的员工在继续派发卡片，这种行为本身已经成为一家市场挑战者专注与执著的记录。正是通过这样的大规模免费派发，在 18 个月里，携程的订房量从每月几百间猛涨到每月 10 万间。事实上，携程的任何一个方面都不是完全不可复制的，甚至在有些方面竞争对手可以做得更好。之所以携程能够成为最后的赢家主要取决于以下几个方面的原因。

第一，相比于战线更长、资源更分散、更不愿意舍弃既得利益的对手，携程将资源和注意力专注地投入到核心方向上，如同激光一样迸发出巨大的能量和优势。在此类竞争中，传统的领先者往往对于战略性新市场、新客户群的资源投入犹豫不决、畏首畏尾，挑战者往往全力以赴，不同的表现自然带来不同的结果。

第二，传统企业习惯于把资源的配置按照自己认为的重要性进行配置，而其中贡献最大、历史最悠久的部门的话语权最强，因此在资源上容易形成大者恒大的资源集聚现象。也就是说，传统企业的核心营收部门往往握有最主要的资源分配，而同时新兴部门所获得的资源往往相对不足。貌似强大，实则虚弱。

第三，对于来自于互联网的挑战者来说，其策略重点在于，充分利用传统对手普遍存在的路径依赖式的资源配置习惯，建立起能够形成局部优势的资源配置策略，最终以局部的资源优势撬动整个市场。

很多传统企业的衰落，恰恰是衰落在既有资源的优势上。这些资源优势方，往往为了资源优势，忽视了用户体验和用户诉求，在竞争中，动作迟缓，拼劲不足，往往落败。目前包括百度、腾讯，也出现了这样的反思，内部叫作“富二代思维”，百度、腾讯的内部产品，往往有富二代的思路，仰仗资源，反而缺乏竞争力。很多创业者说，创新是公司的灵魂，颠覆式创新尤为重要。

颠覆式创新的方法与路径。第一种，数据驱动型颠覆，让数据教我们怎么去理解现实。大家都知道，大数据现在能运用到生活的方方面面，其中也包括发现新的市场机会。第二种，基于使用习惯的颠覆。对使用者习惯的仔细观察，也能实现颠覆式创新。第三种，是卓见驱动型颠覆。“卓见”的意思就是，能在正在发生的事情当中看到它的深层次原因，也就是对事物本质的洞察力。值得注意的是一旦有人洞察到了事情的本质，其他人又想不到，此人必须要鼓起勇气，能在别人都反对的情况下去尝试和检验。

随着人类社会发展，蒸汽机取代了劳动力，电脑取代了算盘，汽车取代了马车，手机取代了 BP 机，电灯取代了煤油灯，打火机取代了火柴……这样的案例数不胜数。进入互联网时代，iPhone 颠覆手机、谷歌颠覆网络广告、淘宝颠覆零售业、特斯拉颠覆汽车行业、滴滴颠覆出租车、360 颠覆安全软件、微信颠覆短信等，所有这些看似是时代的更替，其实表现在商业上的就是两股力量的较量，是创新进取与墨守成规的较量，结果是“长江后浪推前浪，前浪死在沙滩上。”

活生生的事实一再证明，那些由于新的消费供给范式出现而“亡”的公司企业，本应该对颠覆性技术有所预见，但却无动于衷，直至为时已晚。有些大公司所走的“持续创新”的道路阻碍了颠覆性创新，最终导致丧失了领先地位，所谓的“持续创新”只专注于他们认为该做的事情，如服务于最有利可图的顾客，聚焦边际利润最诱人的产品项目……而恰是这一经营路线，埋没了颠覆性新技术。这一悲剧之所以发生，是因为这些公司资源配置流程的设计总是以可持续创新、实现利润最大化为导向的，这一设计思想最为关注的是现有顾客以及被证明了的市场面。然而，一旦颠覆性创新出现，生产出比市场上现有产品更为便宜、更为方便的替代品，它直接扩大了消费群体或者产生全然一新的消费群体，这些企业便逐渐瘫痪。为此，这些企业采取的应对措施往往是转向高端市场，而不是积极研发这些新技术，然而，颠覆性创新不断发展进步，一步步蚕食传统企业的市场份额，最终取代传统产品的统治地位。

6.6 人人都是自媒体

社会化媒体是“互动式”在线媒体的总称，本质是“用户即媒介、用户可参与用户创造内容”。[1] 目前一种大联结主义被称为社会化媒体，它们的目标是通过尽可能多的方式将每个人与他自身以外的所有人联结起来。在此时，人类就是节点，他们将会产生信号。

世界上发生过的一切和人们所做的一切都会联系起来。这种联系还会递增，生活中的人、人的关系完全地呈现在网络上，对信息沟通和关系建立带来变革。

这些社会化媒体对人的网络使用甚至生活习惯造成了改变，企业以前熟悉的通过大众媒介对用户传播信息的营销方式，以及由此而形成的企业内部工作流程，正在被快速、密集地与用户直接接触所挑战，这个挑战同时来自社会化网络本身以及企业内部，也必将会让企业发生变革，推动企业用社会化思维来思考商业形态的变革和进化，社会化媒体的时代已经来了。

---

[1] 段建，安刚．移动互联网营销［M］．北京：中国铁道出版社，2016.

社会化思维是指组织利用社会化工具、社会化媒体和社会化网络，重塑企业和用户的沟通关系，以及组织管理和商业运营模式的思维方式。这是最坏的时代，也是最好的时代。互联网行业高速发展，引领经济潮流。互联网持续地颠覆和改造传统行业诞生了很多机会，互联网媒体的高速发展使得传统媒体受众日益减少，过去报纸、刊物、电视是媒体，现在依靠互联网人人都可以成为媒体，可以说这是一个人人都是自媒体的时代。

首先文章、视频要是自己原创的，如随便找两篇文章复制粘贴过来，或者一些伪原创，删几个字，改两个同义词，就想要获得平台的推荐，可能性不大。自媒体就是每个人表达个人观点和个人看法的地方，抄袭、伪原创这些不是自媒体平台的本意，自媒体是要通过一些实时事件，传递自己的看法；通过自己擅长的领域，向大家传递各种知识，也只有这样的内容才会被大家关注，被平台推荐。

其次文章、视频在精不在多，笔者之前在看一些有关自媒体的帖子时，发现有人评论说自己在账号上每天都会把能发的文章发满，但阅读量和推荐量还是很低，这里面就有一个很严肃的问题，这些文章是否有自己的思考，是否有自己独特的观点，自己是为写好这篇文章来写的，还是凑齐篇数来写的。一篇文章的核心是作者本人的观点、看法，那么一篇自己都不清楚观点是什么的文章，又怎能获得大家的喜爱呢？其实每天一到两篇文章，阐述出自己的观点，下笔之前先思考，这篇文章想要表达什么，这篇文章的核心是向大家传递怎样的信息，如果把握好这些，关注的人一定会很多。以后自媒体平台一定还会越来越多，有了自媒体平台，有了用户，关键还要盈利，不能盈利的自媒体是无法持续经营下去的，自媒体的商业模式有很多，比如可以通过自媒体对一些商品进行推广，提供顾问咨询、培训，或者仅仅是附带商业广告就可以盈利。

如何才能运营好这些自媒体平台呢？其一，自媒体要做好定位。考虑自己做的自媒体针对的是哪类人群，只要做好定位，后期才能进行良性运营（建议从个人擅长的入手）；其二，能创造优质内容。不管什么媒体形式，它的承载还是以内容（这里内容包括文字、图片、漫画、视频、音频等形式）为主，没有优质的内容支撑自媒体平台是做不起来的。其三，要取能抓人眼球的标题。比如在今日头条如果能想出来一个吸引人的标题，阅读量有时候会有几万、几十万或是几百万，账号的阅读量会直接影响到广告创收的能力。其四，了解受众需求。要了解你的粉丝喜欢什么样的内容或是什么样的内容粉丝会转发，要对粉丝需求有了解，根据粉丝的喜好创造内容。其五，了解自媒体的属性。比如今日头条会根据相关的算法给好的内容进行推荐和置顶，公众号需要粉丝转发出来才能带来更多的关注，只有了解平台属性才能把自媒体平台做好，才会得到更多粉丝的关注并提高盈利能力。其六，多自媒体协作。现如今自媒体是没有那么好做了，这个时候就需要把各大自媒体协作起来，才能撒网式运营好自媒体。

自媒体时代，人人都有麦克风，人人都是记者，人人都是新闻传播者。在进行舆论监督、反映社情民意上，自媒体发挥着重要作用。人们在看新闻时也更加容易接触到事件的真相，因此，人人都是自媒体。在自媒体的时代，更要有求是的思维，更要尊重客观事实。

第 7 章

求新思维

7.1　创新思维是孙子兵法的灵魂

《孙子兵法》是中华古代兵学文化的代表作，是中华民族优秀的文化遗产，是中华传统文化的重要组成部分，它内容丰富，博大精深，其谋略学说是中华民族智慧的象征和体现。《孙子兵法》是中华民族对世界军事和文化的卓越贡献，其科学价值和思想仍产生着深远的影响，得到广泛地运用。在互联网时代研究《孙子兵法》的科学价值，旨在探讨《孙子兵法》在当今高技术战争、政治、经济等领域的运用，更重要的是研究和认识《孙子兵法》中所包含的创新思维和创新方法，这一丰富宝贵的文化遗产，为我们的科技创新、培养创新人才再增其光，真正做到古为今用。

哲学上认为，“创新”是指人类在社会实践中扬弃旧事物、旧思想、旧方法，把新设想、新成果成功实施并获更高效益的运作过程。创新包括创新意识、创新思维和创新能力。在创新过程中，创新思维是其核心和主导。

创新思维是指对事物之间的联系进行新的思考，从而创造出新事物的思维方法，创新思维最大特点是思维的变通性和思维的新颖性。正是这种思维的变通性和思维的新颖性，促进了新生事物的出现，促进了社会和科技的发展。按照创新思维概念和特点，我们不难发现《孙子兵法》中处处放射着创新思维的光芒。

“奇正”的创新思想。孙武在《孙子兵法·兵势篇》中指出“凡战者，以正合，以奇胜”，“战势不过奇正，奇正之变，不可胜穷也”。孙武认为，凡是作战，一般的人都会用普通的方法去应对，正如古人云：兵来将挡，水来土淹。但要取得作战的胜利，就要用别人没想到的出乎别人意料之外的战法，这就是“奇”。在这里“奇”就体现了一种思维的新颖性和独特性。正常的思维方法、正常的思维定式是一般人都采用的。当出现一个问题时，按照正常的思维方式，对这个问题的处理方法、过程和结论变得非常确定与明确，同时也容易被大多数接受和认可。但按照正常的思维方式，要想取得创新就变得异常困难，正如孙武所说的那样，用常规手段去抵挡敌人容易，要想战胜敌人就需要用让人意想不到手段与时机。一个指挥员，一个将领，如果只会用大家都能想到的普通的方法作战，那他就很难在战争中取得胜利，也不会有多大的作为和成就，更难成为一个杰出高明的将领。古今中外那些著名的将领都是创新用奇的高手。韩信的“明修栈道、暗度陈仓”就是一种典型创新思维，表面上故意让人看到修栈道，暗中却偷袭攻占了陈仓，达到出奇不意的惊人效果。诸葛亮的空城计实乃是冒着很大风险的无奈之举，一般人不敢这样做，最后却有惊无险地取得了成功。拿破仑出击马伦哥，也是一种创新，无论从理论上讲，还是从实战条件上讲，进攻意大利，最好的选择都是从南边出击，大家也会普遍认为是唯一的选择，而拿破仑却选择了从意大利北面阿尔卑斯山（几乎是军队从来没走过的道路）成功突袭了马伦哥。“二战”中后期的盟军登陆欧洲大陆的作战，从常理上，加莱方向是海上最短的距离，是最好的选择，而艾森豪威尔选择了违背军事逻辑的诺曼底，取得了成功。战争、军事的创新如此，科学上的创新也是如此。伽利略就是通过液体热胀冷缩变化这一很普通的现象，进行深入的研究而发明了温度计。瓦特通过水开冲动了壶盖，产生了好奇心，正是这种好奇引导他去思考从而发明了蒸汽机。电灯发明者爱迪生小时侯就有个特点，对什么事都好奇，正是他这个好奇的特点，使他发明了很多东西，使他成为20世纪最伟大的发明家。贝尔发明电话也是缘于一个偶然的事故萌发了他的好奇心，使得电话得以问世。正是这种“奇”的思维的新颖性创造了科学的奇迹。

创新思维另一个主要的特点是其变通性，而灵活多变是贯穿《孙子兵法》的一个很重要的思想。孙武在《孙子兵法·九变篇》中提出用兵要“通九变之利，知九变之术”，他认为，用兵之道应根据实时、实地灵活多变，做到“途有所不由，军有所不击，城有所不攻，地有所不争，君命有所不受”。“故将通于九变之地利者，知用兵矣；将不通于九变之利者，虽知地形，不能得地之利者矣。治兵不知九变之术，虽知五利，不能得人之用矣。”讲究变，善于变，灵活多变就是变通的战法，就是一种创新的战法。作战要根据战场的情况，来贯彻自己的意图，达到自己的目的。所以（在需要的情况下）该走的道路可以不通过，有的敌军不要攻击，有的城邑不要攻占，有的地方不要争夺，在特殊关键的时候，上级的命令也可以不执行。

将帅在作战中，要根据战场上的情况和变化，采取灵活多变的策略，而不是墨守成规、死搬兵书教条、机械地用兵。灵活多变是用兵的灵魂，也是一种用兵的创新，如果一个将帅在战争中，不能根据实际的情况采取灵活多变的战术，他读再多的兵书，有再多的军事理论也没用。实际中的许多战例都充分说明了这一点，善于灵活多变，就可以致人而不致于人；善于出奇制胜，就可以以迂为直，以患为利，以弱胜强，克敌制胜。在18世纪俄土战争的伊斯梅尔要塞的战役中，著名的俄军将领苏沃洛夫在攻打伊斯梅尔要塞时，根据敌我双方兵力及要塞的情况，不设主攻方向，就是攻城战法的一种变通，最后取得了胜利，这就是用兵的灵活多变。第一次世界大战法国凭借马奇诺防线抵挡住了德国的进攻。第二次世界大战，法国以为德国还要从马奇诺防线来，所以死守在马奇诺防线后面，但德国这次却改变了方向，绕道比利时、荷兰进攻法国，使马奇诺防线失去了作用，德国的用兵就体现了思维的变通性与创新性。

创造性思维是创造能力的核心。创造性思维既是发散思维与集中思维的结合，也是直觉思维与分析思维的结合，其中发散思维更能培养创造能力。正是无穷的变、无止境的变使世界变得非常精彩，人类不断地向前迈进，科学技术得到不断地发展。

孙武曰："声不过五，五声之变，不可胜听也；色不过五，五色之变，不可胜观也；味不过五，五味之变，不可胜尝也；战势不过奇正，奇正之变，不可胜穷也。奇正相生，如循环之无端，孰能穷之哉!"乐声不过五个音阶，可是五音的变化，却会产生听不胜听的声调来；颜色不过五种色素，可是五色的变化，却会产生看不胜看的色彩来；滋味不过五种味道，可是五味的变化，却会产生尝不胜尝的味道；战法不过"奇""正"，然而"奇""正"的变化，却是无穷无尽的。又曰："故其战胜不复，而应形于无穷。""故形兵之极，至于无形。无形，则深间不能窥，智者不能谋。因形而错胜于众，众不能知；人皆知我所以胜之形，而莫知吾所以制胜之形。故其战胜不复，而应形于无穷。"

由此可见，伪装佯动运用到非常巧妙的地步，就能使人看不出形迹。即便有深藏的间谍，也无法窥察到我军的底细，即使很有头脑的人，也想不出对付我军的办法来。

根据敌情变化而灵活运用战术，即使把胜利摆在众人面前，众人还是看不出其中的奥妙。人们只知道我军用来战胜敌人的方法，但是不知道我军是怎样根据敌情变化运用这些方法出奇制胜的。所以每打胜仗，都不是用重复的方式，而是适应不同的情况，进行无穷的变化。如诸葛亮七擒孟获，诸葛亮不重复的用兵方法，最后使孟获心服口服。门捷列夫发明元素周期表是受音乐家作五线谱曲的启示。爱因斯坦于 26 岁时提出狭义相对论。为什么科技创新的主力大部分是青年人呢？正是因为青年人的思想活跃，没有束缚，没有思维定式，敢于“奇”，敢于“变”，敢于冲破条条、框框，敢于向已形成的理论挑战，有创意冲动，所以能使他们走在科技创新的前列。

“以迂为直”的创新思想。《孙子兵法》中的“以迂为直”也体现了一种创新性思维。一般情况下，在有利的形势下作战，容易取得胜利。而在曲折困难的不利的情况下行动，就可能造成被动与失败。面对不利条件，不妨换一种思维模式和方法，适当采取机动灵活的迂回策略，甚至是退缩或忍让，也许是一种更好的选择。这样反倒能摆脱困境，反过来争得先利和主动，最后赢得胜利。毛泽东主席在长征中所指挥的“四渡赤水”就是利用“以迂为直”最典型的战例，最终成功摆脱了敌人的围追堵截。

“以迂为直”的创新思想造就了一个个商业成功的案例。做一个成功的商人，也须头脑灵活，善于变通，成为一个“巧商”。“巧商”不仅会走“直路”，更懂得走“弯路”的重要性。当缺乏必要的人力、财力、物力和经验知识，或者由于同业竞争的相互对峙消耗而无法直线式地达到目的时，经营者就必须谋求别的途径来实现自己的目标，这就是“迂回术”。迂回就是不循两点直线，可以通过三角形、四方形等多边形方式，或者是回折线方式，最终获取利益。日本著名商人印井见深起家时是一家玻璃制品公司的工程师，但他希望经营石油生意。一次他从一位朋友处获悉：巴西即将在市场上购买2000万美元的丁烷气体。他立即飞赴巴西，但他对石油生意既无经验，也没有老关系。可他发现了另一件事，即巴西牛肉过剩。他飞往西班牙，那里一家造船厂因无人订货而濒临倒闭。他告诉他们："如果你们向我买2000万美元牛肉，我就在你们造船厂定购一艘造价2000万美元的超级油轮。"西班牙人非常高兴地接受了他的建议。这样，印井见深把巴西的牛肉转卖给了西班牙。印井见深离开西班牙后直奔纽约的一家石油公司，对他们说："如果你们租用我正在西班牙建造的2000万美元的超级油轮，我将向你们购买2000万美元的丁烷气体。"石油公司欣然接受了他的条件。这样，印井见深利用四边形的迂回战术，实现了进入石油海运业行列的夙愿，并开始了其经营生涯。印井见深的"以迂为直"的经营策略体现在通过一个或数个中介共同获益的曲折过程而最终做成生意。有时生意不能在两方之间直接做成，要通过多方的接触，把各个有兴趣的方面彼此联结起来，就能做成一笔大生意。这种"以迂为直"的商业创新逻辑就是：借张家的米，李家的锅，王家的柴禾，做好饭卖出去，不但让大家饱餐一顿，还能额外赚一笔。这奇思妙想是一种商业智慧，更是一种创新性思维方式。

"以迂为直"的创新性思维方式根植于中国传统文化之中。像日本商人这种连环运作的创新性思维方式在中国古代就已经有了。中国古代大文豪苏东坡曾经在杭州任地方官，当时西湖的很多地段泥沙淤积，成了当时所谓的"葑田"。苏东坡多次巡视西湖时，反复考虑如何加以疏浚，从而再现西湖的秀美风采。他一直在思考如何解决从湖里挖出的淤泥无处堆放的难题。有一天，苏东坡突然想到，西湖有三十里长，要环湖走一圈，恐怕一天都走不过来。如果能把从湖里挖上来的淤泥堆成一条贯通南北的长堤，那不是很好吗？这时他又想到，在挖掉葑田之后，可以召募农人来种麦，种麦获得的收益，便可以作为整治西湖的资金。这样一来，不仅疏浚西湖有了钱，挖掘出来的淤泥有了去处，西湖附近的农人增加了收益，同时，西湖还有了一条贯穿南北的通道，这样，既能便利来往的游客，又能增添西湖的景观。事后证明，这项工程一举数得，真是高明之至。苏东坡的做法，是一种统筹兼顾、通盘谋划的考虑，从现代科学的观点来看，属于系统工程理论的应用。只要人们稍微地变换一下思维角度，就可以把很多事物联系起来。作为商人，利用事物之间的联系，一环紧扣一环，从而引发出新的创意来，自然也就达到了连环生财的效果。

7.2　变是处事的黄金法则

孙子说："故兵无常势，水无常形，能因敌变化而取胜者，谓之神。"由此可见，用兵斗法，最忌生搬硬套，墨守成规，正所谓死读书不如无书。兵戎相见，拘泥于兵法将自取灭亡。作战没有固定的方式，只有根据敌我双方形势随机应变，才能做到用兵如神。以变应变才是王道，变化越多，越是游刃有余。因此变才是处世的黄金法法则。

曹操就是一个懂得应变的高手。曹操持王允所赠之七星宝刀立于董卓榻前。董卓染疾，不便起身，就让吕布去牵一匹好马来送给曹操以示感谢。曹操见吕布前去牵马，而董卓又面向里卧，知道这是刺杀董卓的唯一机会，便提起七星宝刀准备行刺。没想到董卓的前面有一面镜子，董卓从镜子里看到曹操提起了七星宝刀，便大声问道："你要干什么？"这个时候曹操听到了屋外有响动，正是董卓麾下最为精锐的侍卫——铁甲士。如今刺杀已被董卓发现，就算拼死一击也未必能够成功，于是曹操不退反进道："此刀正是我要献给董大人之物，正要拿给大人过目。"董卓从镜子里看见曹操面无惧色，而且手中的宝刀镶有7块宝石，刀锋幽萃而洗练，知道的确是一件宝贝，便起身欲接过刀来。曹操见董卓来接刀，心想只要他收下宝刀，到时自己借口有事离去，即使刺杀不成也可以留下一条命来。但是屋外侍候的李儒此时走进屋内，看到曹操手中的七星宝刀，顿时大惊。他曾在王允府上见过此刀，决不会看错。而王允与董卓争权早已人尽皆知，现在七星宝刀在曹操手上，虽说是献宝，刺杀想必才是真。于是不等董卓下令，李儒已经召集了数十位铁甲士围在了房屋四周。

果然如同李儒所料，曹操一等董卓接过宝刀便起身告辞，董卓只是被宝刀吸引而并未阻拦。当曹操走出房门时，却发现自己已经被数十个铁甲士围住了。他看见了一旁正在冷笑的李儒，明白自己的意图已然暴露，现在只有杀出去一条路了。于是曹操从腰间解下两只短戟，朝着包围最稀疏的地方冲了过去。董卓听见外面的动静，忙问近侍发生了什么事，被告知李儒正在指挥铁甲士截杀曹操。董卓大怒，正要拿李儒问罪，刚好吕布牵马回来。曹操看见吕布回来，大喊一声："吕将军救我！"然后挥舞双戟朝吕布的方向杀了过去。李儒一面指挥铁甲士截杀曹操，一面对吕布高喊："不要放走曹操。"但是他不知道，此时的吕布已经对董卓起了杀心，因为司徒王允给他的好处更大。他本来也是见过七星宝刀的，之所以没有揭穿，是因为一旦曹操成功杀死了董卓，而自己便可以和自己心爱的女人在一起了。于是他没有阻拦曹操，而是装出一副很奇怪的样子看着曹操骑上马逃之夭夭了。董卓将吕布和李儒二人叫入房中询问刚才的事情，李儒如实禀告。董卓回想起曹操被自己发现时从容不迫的表情，突然意识到自己放过了一个大敌。但是后悔已经来不及了，曹操估计已经逃出洛阳城了。

首先，从吕布取马之时曹操准备刺杀可以看出，曹操是一个果敢的人。他明知道一旦自己刺杀了董卓，那么汉室之敌便会除去，而自己也将殒命。在这段时间里，足够李儒召集数百铁甲士把董府围个里三层外三层了。但是曹操并没有犹豫，这说明他对汉室足够忠心，也足够热血（当时的曹操还很年轻），不过也足够愚蠢，愚蠢到了不怕死的地步。他没有看出自己是被王允利用了。董卓一旦身死，手握大权者不出王允，而王允的残暴不在董卓之下，而且更是反复无常、阴险狡诈的小人之流，这从王允一手害死蔡邕就可以看出来。看来年轻的曹操还没有像以后那样善谋。

其次，当他的刺杀行动被发现时，他能够克制自己的情绪，让董卓这样的枭雄都没能看出端倪，说明曹操此时已经有了成为英雄的最基本的品质——镇定。唯有镇定，才能把不可能变成可能。成功得到董卓的信任，这为曹操能够成功逃走奠定了第一个条件。

再次，曹操在计策彻底败露之后，能够当机立断，放弃原有计划，解下手戟自卫，这说明曹操在危机时刻也是很勇敢的。而最后向吕布求救完全是曹操的突发奇想。他知道吕布和王允的关系，于是便把自己的命赌在了吕布手里。这是一场豪赌，但是曹操赢了，这说明曹操对于人际关系的把握是十分恰当的。这也成为了他后来能把各色人才留在身边为己用的原因。

从上面这个案例中，我们可以深刻地体会到，以变应变的深刻内涵。正如古希腊哲学家赫利克里特所说的那句名言："人不能两次踏入同一条河流。"他认为：河水是不停地流动的，当人们第二次踏入同一河流时，他们所接触的水流已是变化了的新的水流。赫利克里特的话揭示了一个真理：世间的一切事物都是变化的。

7.3 勇当风口上会飞的猪

随着互联网崛起与发展，特别是移动互联网与移动电商的普及，使人们的生活形态正发生着翻天地覆的变化，生活便利程度空前提高，躺在床上就能买遍整个中国，甚至全世界，吃遍整个城市，这在以前简直是不可思议的事情。互联网的高速发展与快速迭代升级，让电商平台等互联网企业有了蓬勃发展和茁壮成长的肥沃土壤，如果能够抓住行业的红利期，站在风口上，连头猪都能飞起来。但是如何成为站在风口上能飞起来、大风过后又能继续前行，那就要求企业决策者和管理者既有适时选择进入的勇气与果断，又要有在互联网大潮中搏击风浪的本领与智慧。

要想当会飞的猪就要找得准风口、看得清风向。雷军曾经说过一句话："站在风口上，猪都能飞起来。"小米将自己定义为"一家以手机、智能硬件和IOT平台为核心的互联网公司"，采用独创的"铁人三项"商业模式：硬件+新零售+互联网服务。把设计精良、性能品质出众的产品紧贴硬件成本定价，通过高效的线上线下零售渠道将产品送到用户手中，并持续为用户提供丰富的互联网服务。小米的成功，一是紧紧抓住了互联网和物联网时代的风口；二是不断创新，坚持追求极致的产品和效率。京东的创始人刘强东早期是做家电的，在看到电商领域的风口之后，扭头便进军电商领域，并且取得了很好的成绩，京东相比于淘宝，价格上会贵上一些，那京东是怎么和淘宝抢夺市场的呢？一个是独有的物流体系，另一个就是质量。当然电商领域这块肥肉很多人都眼馋，就在大家的目光都在淘宝和京东身上时，又一个电商平台强势崛起，这个平台就是拼多多。拼多多不像淘宝走得普通，也不像京东走得高端，他靠的是低廉，极低的价格，加上拼单互助的推广奖励方式，让拼多多的用户成几何倍数裂变，有的实体商户在接触过拼多多后就吐槽，我的进货价都没上面的销售价低，这让我的生意怎么做。不过低价是有竞争力，但是低价带来的负面影响就是质量下降，让网络上充斥着很多次品。虽然有些可能因为介意质量而没在上面买过东西，但是这个低价电商平台的存在，让其他电商平台商品的价格也会受到影响，不敢太高，这也让不用拼多多的人间接受益。在商机转瞬即逝的时代，拼多多赶上末班车之后还能追赶上来，实现“弯道超车”，并于2018年成功上市，真可谓是互联创业的典范。

“互联网+”的实质就是将传统的产品和服务的方式互联网化。传统企业通过利用互联网思维和技术，通过去中介化、去渠道化和标准化等方式，提升效率，降低成本，为消费者提供良好的服务体验，才是未来的出路。随着互联网的发展，越来越多的人加入到互联网的大家庭中，很多人通过互联网受益，变为成功的创新创业者。这些人之所以成功，是因为他们能够用互联网思维做互联网的事。首先，敢于打破自己的思维定势，学会用互联网思维思考问题，按照互联网经济的特点和规律去做事。用钉钉子精神，聚焦一个项目，集中精力干一件事，切忌见异思迁，在项目操作过程中，注意项目的周期率，有时需要与很多人协同作战，在协同作战中，为员工创造提升空间，让他们在团队中得到提升与锻炼。其次，创业也需要逆向思维。因为这个思维可以告诉你项目，可以告诉你推广模式和赚钱模式，也能告诉你存在的风险和规避风险的策略与智慧。最后，用互联网的思维学会分享，越分享越赚钱。真正懂得分享的人很少，真正能做到分享的人更少，很多人在生活中一直都是索取，一直没有想过去分享，不能做到分享，怎能在以共享共赢为特点的互联网中胜出，善于分享的人才更容易成功，不但可以分享自己的生活和成长经历，也可以分享遇到的困难和解决办法，还可以分享自己的创新创业的经验与教训。分享的越多，帮助和支持你的人就越多，购买你产品和服务的人就越多，用户的黏性就越大。

7.4　互联网创新是观念的创新更是实践的创新

为什么互联网思维具有如此大的魅力，短时间内就对社会产生了如此大的冲击？第一，互联网思维是一种营销思维，互联网创新主要是观念的创新。在互联网思维的影响下，企业可以通过“个性”的营销方式，吸引更多的客户关注产品，以达到最终销售目标。第二，互联网思维就是用户至上理念。过去很多企业想要把自己的产品信息传达给客户只能通过广告的形式，这种方式无法及时掌握客户的信息，而且广告价格不菲。互联网思维让企业另辟捷径，企业可以利用新媒体与客户保持零距离，拉近与客户的距离，将信息以第一时间传递出去。同时，挖掘客户的潜在需求和消费行为特征，并且让用户参与产品的设计、商业模式的策划，真正成为企业运营管理的核心。第三，互联网思维就是创新思维。创新是互联网的精髓、灵魂与精神，也是企业持续发展的核心动力，创新也是互联网思维的重要内容。创新在很多时候，就是发现两个原有事物的内在关联，并把它们连接起来，创造出新的事物形态。跨界就是连接两个领域，创造出全新的东西。创新思维不仅仅是产品创新、技术创新，更重要的是观念创新。于是，互联网思维就成了一股重要的创新力量，所以就出现了互联网金融、互联网教育、互联网医疗等跨界创新形式。国家把科技创新上升到国家战略，积极扶持众创空间，搭建创新创业服务平台。

通过归纳的思维路径，理论来自实践；通过演绎的思维路径，理论用于指导实践。真理往往是归纳和演绎辩证统一的产物。再进一步分析，理论的创新，可以指导科技的创新，有助于形成商业化成果；实践的创新，则可改写传统的理论，带来理论的创新。因此，创新也往往是理论和实践相结合的产物。既要重视理论研究，在理论创新上有所突破，也要鼓励企业家勇于实践，在实践中求索创新。互联网对人类的影响和对社会的重塑，其重要意义可以和“大航海”相媲美。在互联网创新探索过程中，尤其是企业层面的实践创新方面，越来越多的本土企业开始显现身影。

美国经济学家罗纳德·科斯在其代表作《企业的本质》中创造了“交易成本”这一重要概念。科斯认为，企业在本质上是市场的替代物，是一种替代市场配置的资源组织；为了节约交易成本，有些交易通过市场完成，有些交易在组织内完成，当市场交易成本高于组织内部成本时，企业便产生了。下面以汽车企业为例，假设在汽车产业链中某个点，某企业从上游的零部件企业采购产品，加工后生产出下一道产品再卖给下游企业。那么，这家企业既可选择从上游供应商采购零部件，也可选择自建车间生产。前者通过“市场”完成，后者在“企业”内完成，究竟选择在哪里完成，取决于两者的成本。极端情况有两种，或是整个产业链都集中在一个企业内，全部中间产品生产和流转都在该企业内部不同的车间完成，于是，“市场”被“替代”了，也就是别的厂商被“替代”了；或是几乎全部产品都是外部采购，仅仅在最终产成品出厂时，贴自身的品牌而已，这其实是一种全外包的生产形式。

按照传统经济理论，社会化分工总是有利于生产力提高，包括全要素生产率的提高等。但在互联网时代，尤其是知识产权决定生产效率的时代，由技术垄断所形成的专业化分工可能会形成技术壁垒和技术固化，从而阻碍创新。比如，应用于苹果手机上的 IOS 系统就是一个相对封闭的系统，全世界的软件工程师若想进入苹果体系，都要在这个框架里被动地修修补补，很难实现革命性的创新。

一切的创造、创作和创新，包括文艺的、学术的、技术的等知识产权领域方面，都将是今后社会最有价值的东西。互联网时代是鼓励创新和有利于创新的时代，也是知识产权喷涌的时代，不论是理论上的创新，还是实践上的创新，都会取得丰硕的成果，我们要加大知识产权的保护力度，依靠政府的政策导向和市场资源配置功能，形成合理的体制机制给其利益补偿，形成互联网时代理论创新和实践创新的良性循环，尽情拥抱具有创新特色的互联网时代。

7.5 互联网时代更注重模式创新

众所周知，创新是这个时代的主题。无论是各行各业发展，还是个人的发展，都离不开创新。但是如何创新？并非是天马行空创造新鲜事物，而是应该以人为本，以实际生产生活为依托，以促进社会生产生活快速、便捷为宗旨，以让社会公众幸福感提升为最终目标，在此基础上，一种新的模式创新，能助力企业迅速腾飞。

商业模式创新，不得不说基本的方法论。商业模式的核心是盈利模式，盈利模式的核心是定义“机会”，就是界定“增长的机会点”在哪里，再定义我们的客户，定义我们的价值，定义我们的渠道。

定义增长的机会主要考虑三个方面：影响业务的驱动性变化；客户有什么痛点；自己有什么资源能力。但在新互联网时代对商业模式创新的影响，最重要的是要回归到这个行业是怎么玩的，发现客户痛点，然后看看自己有哪些资源和能力可以利用。互联网时代会时刻都处于变化之中，所以商业模式创新会层出不穷，许多方式方法会有颠覆性变化，但我们不要被互联网思维所迷惑，要回归本质，回归到走进客户，回归到客户价值，回归到技术，回归到品牌，回归到系统效率。任何战略创新都是孕育在现实当中，现实客户的痛点是我们创新的突破口。回归到客户，客户有什么痛点，这是我们战略创新的一个现实路径。所有成功的战略都是从现实走出来。战略的一个误区是“以过去看未来”，另一个误区是“只看未来”或者是“通过后天想明天”，但关键是要看到“今天怎么干”——这就是战略突破点。一个好的商业模式，如果久久不能突破，就在于没能找到战略的突破点，而战略的突破点就来源于现实的客户痛点。而且刚刚开始要单纯、简单、而且足够“痛”！

新互联网时代影响商业模式的基本机理。互联网时代是通过“信息边际成本趋于零（极低），信息渠道距离趋于零（极快），线状信息到网状信息（极广），万物皆信息节点（极多）”，从而产生“入口、病毒式传播、颠倒次序、跨界、碎片整合”五大基本机理来改变商业世界。极低才能免费，免费配合上极快、极广、极多，就更容易产生入口；极快就可以一夜爆红，配合上极低、极广和极多，就很容易发生病毒式传播；极广实际上是没有了边界，因此就会产生跨界和颠倒次序效应，配合上极低、极快和极多，就更容易产生了；极多是全员生产，在极低、极快、极广的配合下，就更容易产生碎片整合的效应。这是互联网时代影响商业模式的基本机理。我们在考虑新互联网时代商业模式创新时，需要时刻关注这五大机理是否可以解决“以前不可能”的痛点？当我们在创新的道路上遇到挫折时，可以考虑是否在这几方面没能有效利用。总而言之，这是一个新时代，是一个有其新规律、新机理的时代，但也是一个没有脱离“创造价值”基本规律的时代。一个可行、有投资价值的商业模式是创业者需要在商业计划书中强调的首要内容之一。没有商业模式，创业只能是一个梦想。

“互联网＋”企业四大落地系统（商业模式、管理模式、生产模式、营销模式)，其中最核心的就是商业模式的互联网化，即利用互联网精神（平等、开放、协作、分享）来颠覆和重构整个商业价值链，目前来看，主要分为六种商业模式。

第一，工具+社群+电商/微商模式。互联网的发展，使信息交流越来越便捷，志同道合的人更容易聚在一起，形成社群。同时，互联网将散落在各地的星星点点的分散需求聚拢在一个平台上，形成新的共同需求，并形成了规模，体现了重聚的价值。如今互联网正在催熟新的商业模式即“工具+社群+电商/微商”的混合模式。比如微信最开始就是一个社交工具，先是通过工具属性/社交属性/价值内容的核心功能争取到海量的目标用户，加入了朋友圈点赞与评论等社区功能，继而添加了微信支付、生活服务、购物消费、交通出行等商业功能。

第二，长尾型商业模式。长尾概念由克里斯·安德森提出，这个概念描述了媒体行业从面向大量用户销售少数拳头产品，到销售庞大数量的利基产品的转变，虽然每种利基产品相对而言只产生小额销售量，但利基产品销售总额可以与传统面向大量用户销售少数拳头产品的销售模式媲美。通过 C2B 实现大规模个性化定制，核心是“多款少量”。所以，长尾模式需要低库存成本和强大的平台，并使得利基产品对于兴趣买家来说容易获得。

第三，跨界商业模式。互联网之所以能够如此迅速地颠覆传统行业，是因为互联网的实质就是利用高效率来整合低效率，对传统产业核心要素的再分配，也是生产关系的重构，并以此来提升整体系统效率。互联网企业通过减少中间环节，减少所有渠道不必要的损耗，减少产品从生产到进入用户手中所需要经历的环节来提高效率，降低成本。因此，对于互联网企业来说，只要抓住传统行业价值链条当中的低效或高利润环节，利用互联网工具和互联网思维，重新构建商业价值链就有机会获得成功。

第四，免费商业模式。“互联网+”时代是一个“信息过剩”

的时代，也是一个“注意力稀缺”的时代，怎样在“无限的信息中”获取“有限的注意力”，便成为“互联网 +”时代的核心命题。注意力稀缺导致众多互联网创业者们开始想尽办法去争夺注意力资源，而互联网产品最重要的就是流量，有了流量才能够以此为基础构建自已的商业模式，所以说互联网经济就是以吸引大众注意力为基础，去创造价值，然后转化成赢利。很多互联网企业都是以免费、好的产品吸引到很多的用户，然后通过新的产品或服务给不同的用户，在此基础上再构建商业模式。比如 360 安全卫士、QQ 等。互联网颠覆传统企业的常用打法就是在传统企业用来赚钱的领域免费，从而彻底把传统企业的客户群带走，继而转化成流量，然后再利用延伸价值链或增值服务来实现盈利。

第五，O2O 商业模式。O2O 是 Online To Offline 的英文简称。O2O 狭义理解就是线上交易、线下体验消费的商业模式，主要包括两种场景：一是线上到线下，用户在线上购买或预订服务，再到线下商户实地享受服务，目前这种类型比较多；二是线下到线上，用户通过线下实体店体验并选好商品，然后通过线上下单来购买商品。

第六，平台商业模式。平台商业模式的核心是打造足够大的平台，产品更为多元化和多样化，更加重视用户体验和产品的闭环设计。利用互联网平台可以整合全球的各种资源，可以让所有的用户参与进来，实现企业和用户之间的零距离。在互联网时代，用户的需求变化越来越快，越来越难以捉摸，单靠企业自身所拥有的资源、人才和能力很难快速满足用户的个性化需求，这就要求打开企业的边界，建立一个更大的商业生态网络来满足用户的个性化需求。通过平台以最快的速度汇聚资源，满足用户多元化的个性化需求。所以平台模式的精髓，在于打造一个多方共赢互利的生态圈。

互联网更注重模式创新，因为一个新模式的出现会有效地促进互联网经济的发展，而往往新的商业模式的创新又源于互联网实践，实质上贯穿其中的却是互联网思维。对于传统产业来说，需要用互联网思维方式对经营模式重新定义，用互联网思维推动商业模式转型；特别是互联网已经深度融合，从消费互联网到产业互联网的变化，传统企业只有结合互联网创新商业模式，充分应用互联网信息技术，从产品研发、用户需求、柔性生产、快速响应、快捷物流、用户体验多方面多维度去设计公司发展商业模式，才能最终满足用户需求。免费模式成就了360的快速发展壮大。2008年，360推出了永久免费的安全软件，其认为在互联网上的每个人都应该免费获得安全保护。有了这个远大目标，360艰苦奋斗，进行技术创新、产品创新和商业模式创新，不断为用户研发一流的全方位网络安全防护，并最终成为全球领先的互联网安全企业。360创新并不是漫无目的的创新，而是以人们赖以运用的互联网为依托，以保护用户的网络安全为宗旨。从用户利益出发，以用户至上为初心，勇于创新，永不停滞。由于目标明确，虽然遇到了很多挫折，但是依然顽强地克服了各种困难，并让360集团发展成为全球领先的互联网安全公司。

7.6 “大众创新、万众创业”成为互联网时代的主旋律

在政府大力推动及互联网迅速普及应用带动下，中国正迎来以“互联网+”带动的创业创新浪潮，以移动互联网、生物、新能源、智能制造等为代表创业企业、创业投资、创业平台爆炸式增长，创业群体迅速扩大，创业创新在全社会蔚然成风。众创空间建设取得很大进展，专门为处于初创期的创业者提供低成本的工作空间、网络空间、社交空间和资源共享空间，为创业企业发展提供全方位的创业服务。基于互联网的创业创新加速了新技术、新业态、新模式和新产业发展。在“互联网+创业创新”的

推动下，近年来云计算、物联网、3D 打印、大数据等新技术产业化加快，互联网教育、互联网金融、移动医疗等新业态迅猛发展，线上线下融合（O2O）、移动支付、个性定制等新模式蓬勃涌现，新兴产业不断发展壮大。“互联网 + 创业创新”的蓬勃发展，在扩大消费、促进新经济发展、增加就业等方面发挥了重要作用。基于互联网的创业创新推动了传统产业转型升级。改造提升传统动能，是现阶段我国经济发展的紧迫任务。近年来，我国传统产业领域一大批企业借助互联网等手段，大力推进转型升级，取得重要成效。比如，一些企业将过去由单个企业完成的任务向自愿参与的所有企业开放，并发挥比较优势进行市场分工，提高了创新效率，促进了生产方式的变革。有的企业通过内部信息网络构建“爱创客”创新平台，鼓励车间班组创建创客空间，大大激发了公司员工的创业创新活力。一些地区和企业积极推动创业创新，实施“互联网 +”“机器换人”行动计划，有效拓展了传统产业的发展空间，收到了“老树开花”的效果。基于互联网的创业创新带动了就业增加。互联网经济的快速发展，不仅直接增加了大量就业机会，而且还间接带动了相关行业的就业。统计显示，近年来新登记市场主体大部分都是服务业企业，很多新设企业从事信息技术服务、物流快递、文化创意等现代服务业，创造了大量新的就业岗位。

打造众创空间，拓展创业服务平台。众创空间是顺应创新 2.0 时代用户创新、开放创新、协同创新、大众创新趋势，把握全球创客浪潮兴起的机遇，根据互联网应用深入发展、创新 2.0 环境下创新创业特点和需求，通过市场化机制、专业化服务和资本化途径构建的低成本、便利化、全要素、开放式的新型创业服务平台的统称。发展众创空间就是要充分发挥社会力量作用，有效利用国家自主创新示范区、国家高新区、科技企业孵化器、高校和科研院所的有利条件，着力发挥政策集成效应，实现创新与创业相结合、线上与线下相结合、孵化与投资相结合，为创业者提供良好的工作空间、网络空间、社交空间和资源共享空间。随着大众创业、万众创新的新趋势，众创空间这一新型孵化器平台应运而生，并呈现出遍地开花的态势。

众创空间能够为初创团队提供办公场地、创业服务，通过市场化机制、专业化服务以及资本化途径，构建起低成本、便利化、全要素、开放式的创业孵化平台。以创客为代表的创新2.0模式，基于从个人通信到个人计算，再到个人制造的社会技术发展脉络，试图构建从创意、设计到制造的用户创新、开放创新、大众创新、协同创新环境，推动了创新2.0时代众创空间的形成。而创客浪潮、众创空间以用户创新、大众创新、开放创新、协同创新为核心理念，是创新2.0模式在设计制造、创新创业领域的典型表现。而众创空间顺应创新2.0时代用户创新、大众创新、开放创新趋势，把握互联网应用深入发展，符合知识社会创新2.0环境下创新创业特点和需求，是与创新2.0环境下创新创业形态相适应的创新创业孵化、众创活动支撑平台。

顺应网络时代推动大众创业、万众创新的形势，构建面向人人的“众创空间”等创业服务平台，对于激发亿万群众创造活力，培育包括大学生在内的各类青年创新人才和创新团队，带动扩大就业，打造经济发展新的“发动机”，具有重要意义。一要在创客空间、创新工厂等孵化模式的基础上，大力发展市场化、专业化、集成化、网络化的“众创空间”，实现创新与创业、线上与线下、孵化与投资相结合，为小微创新企业成长和个人创业提供低成本、便利化、全要素的开放式综合服务平台。二要加大政策扶持。适应“众创空间”等新型孵化机构集中办公等特点，简化登记手续，为创业企业工商注册提供便利。支持有条件的地方对“众创空间”的房租、宽带网络、公共软件等给予适当补贴，或通过盘活闲置厂房等资源提供成本较低的场所。三要完善创业投融资机制。发挥政府创投引导基金和财税政策作用，对种子期、初创期科技型中小企业给予支持，培育发展天使投资。完善互联网股权众筹融资机制，发展区域性股权交易市场，鼓励金融机构开发科技融资担保、知识产权质押等产品和服务。四要打造良好创业创新生态环境。健全创业辅导指导制度，支持举办创业训练营、创业创新大赛等活动，培育创客文化，让创业创新蔚然成风。

创新 2.0 时代的众包、众创经过多年的发展，国内外已经把众创空间推到了一个比较成熟的历史阶段。各种类似形式的众创空间已经逐步形成，对科技创新产生了深刻的影响。此后，Maker 的概念被引入中国，形成“创客”概念，国内也产生了类似空间，如北京创客空间、上海新车间、深圳柴火空间、杭州洋葱胶囊等。

把“互联网 +”作为推进大众创业、万众创新的重要抓手。当前，以移动互联网、云计算、大数据等为代表的新一代信息技术的迅猛发展和普及应用，正在深刻改变现有服务和生产格局，互联网已成为我们生产生活必不可少的组成部分，发挥着越来越大的作用。但总体看，目前“互联网 + 创业创新”尚处在发展的初期阶段。今后一个时期，随着移动互联网、云计算、物联网等重大技术的不断突破，互联网将在更大范围、更深层次应用到经济社会各领域，引发生产和生活方式变革。我国应抓住机遇，充分发挥后发优势和市场优势，进一步推进“互联网 + 创业创新”，为经济发展不断注入新动能。

一是加快信息基础设施特别是农村信息设施建设，拓展“互联网 + 创业创新”的市场范围。宽带网络等数字基础设施是“互联网 +”发展的必要条件。将网络建设投入大力向农村和欠发达地区倾斜，加快“互联网 +”纵深推进，激活农村和欠发达地区创业创新潜力。

二是加快完善相关监管制度，促进“互联网 + 创业创新”深入发展。市场准入限制较多，行政审批时间长、流程烦琐，传统审批和监管方式不适应“互联网 + 创业创新”引发的新技术、新业态、新模式发展要求，是目前企业反映的突出问题。比如在交通、教育、医疗等行业，仍存在许多市场准入限制，对创业者大门不开或开得不够。又如，网约车与现有交通、安全等管理和政策存在矛盾，与传统出租车模式存在冲突，同样的问题还存在于电子商务等行业。为此，要按照“放宽准入、加强管理、优化服务”的思路，加快完善现有监管制度，抓紧制定出台与“互联网 + 创业创新”发展相适应的管理政策，进一步促进“互联网 + 创业创新”。

三是加快完善法律法规政策体系，规范基于“互联网 + 创业创新”的市场秩序。互联网的迅速普及应用，在大幅降低交易成本、给人们带来便捷的同时，也带来个人隐私保护、网络安全等问题，成为制约“互联网 + 创业创新”发展的重要因素。应积极推进网络信息安全、个人隐私信息保护等方面的立法，加强基础信息资源和个人隐私信息保护，强化互联网信息安全管控，为创业创新营造良好的法治环境。

四是改革完善教育、投资和文化体系，着力营造“互联网 + 创业创新”生态系统。据有关部门对企业的调研，人才缺乏和融资难、融资贵是当前制约“互联网 + 创业创新”企业发展的主要瓶颈。为此，必须适应新技术、新业态、新模式和新兴产业发展的需求。改革现有教育体系，积极探索大学与企业联合培养等模式，加强新经济发展需要的人才培养。要进一步促进天使投资、创业投资发展，完善资本市场。要着力改善创业企业的生存条件和成长条件，大力弘扬创新和企业家精神，营造创业创新良好生态，呵护创业企业成长，让创新的种子生出来、长得壮、活得好，开花结果。

后　记

《孙子兵法》是中国深厚文化底蕴沃土之上生长的一枝奇丽花朵。无不折射着民族智慧的火花，以追求最大化的行动效益铸就了中外战争论上的千古绝唱。作为军事争胜的经典之作，其哲学思维方式对现代互联经济具有很强指导意义。互联网的高速发展不仅改变着每个人的生活，也改变着人们生活态度和思维方式。为了更好拥抱互联网时代，享受时代的恩赐，就必须研究互联网的思维特征。本书通过研究《孙子兵法》所蕴含的思维方式，用来指导互联网时代的思维，这既是古为今用的有益探索，又是增强中华民族文化自信的大胆尝试，所提出的战略思维、整体思维、辩证思维、求知思维、求是思维和求新思维等思维方式，虽然在古代兵法与现代互联网时代的表现形态和适用时机不尽机同，但其中所包含的哲学思想与智慧却有异曲同工之妙。互联网已经把人类社会带入到了一个急剧变化的时代，这种变化更有迭代加速之势，将改变社会经济发展形态与格局。

一是互联网将成为全球产业转型升级的重要助推器。互联网正在为全球产业发展构建起全新的发展和运行模式，推动产业组织模式、服务模式和商业模式全面创新，加速产业转型升级。互联网构建的网络空间，将让产业发展更好地聚集创新要素，更好地应对资源和环境等外部挑战，将推动全球产业发展迈入创新、协调、绿色、共享、开放的数字经济新时代。

二是互联网将成为世界创新发展的重要新引擎。互联网已经成为全球技术创新、服务创新、业态创新和商业模式创新最为活跃的领域，互联网企业正在成为未来全球创新驱动发展中最为广泛、最为耀眼、最为强劲的创新动能源泉，成为全球技术创新、产业创新、业态创新、产品创新、市场创新和管理创新的引领者。

三是互联网将成为造福人类的重要新渠道。互联网促进了开放共享发展，泛在化的网络信息接入设施、便捷化的“互联网 +”出行信息服务、全天候的指尖网络零售模式、“一站式”旅游在途体验、数字化网络空间学习环境、普惠化在线医疗服务、智能化在线养老体验、无时空的网络社交娱乐环境将全面点亮智慧地球。

四是互联网将成为各国治国理政的新平台。“指尖治国”将成为新常态，“互联网 +”政务服务、移动政务、大数据决策、微博、微信、脸谱、推特等的广泛应用将深刻改变政府传统运行模式，构建起网络化、在线化、数据化和智能化全天候政府，精准服务、在线监管、预测预判、事中事后处置、网络民意调查等能力全面提升，不仅创新了宏观调控、社会管理、公共服务和市场监管模式，更是促进国家治理能力和治理体系现代化。

五是互联网将成为国际交流合作的新舞台。互联网服务已经成为国际交流合作的重要桥梁，不仅让不同国家、区域、民族、种族和宗教等的人群文化交流和业务合作起来，更是开启了一个新的世界外交时代，资源外交、市场外交、金融外交、军事外交等时代正在成为过去，以人为本、服务发展为宗旨的互联网服务外交、互联网企业家外交的时代将全面开启，世界交流合作正在因为互联网而变得紧密和和谐。

六是互联网将成为国家对抗的新战场。互联网和经济社会的融合发展让网络空间成为了各国经济社会活动的重要新空间，世界许多国家都将网络空间视为继领土、领海、领空、太空之后的第五战略空间。加强国际互联网治理，尊重网络空间主权，维护网络空间和平安全，减少网络空间摩擦，寻求网络空间利益共同点，建立网络空间新型大国关系，构建网络空间命运共同体，将成为未来世界谋求新发展共同的呼声。

七是互联网将成为国际竞争的新利器。建立和完善网络空间对话协商机制，研究制定全球互联网治理规则，使全球互联网治理体系更加公正合理，更加平衡地反映大多数国家意愿和利益，才能更好地促进各国的竞争与合作，才能更好地构建公正合理的国际政治经济新秩序，才能更好地促进世界共同发展和共同繁荣。

八是互联网将开启信用社会发展新序幕。互联网正在为经济社会发展构建一个网络化、在线化的数字化运行空间，与互联网相关的各类经济社会活动均在网络空间中数字形式保存了下来，信用信息将变得可实时化采集和综合化分析利用，信用成为了网络经济时代最为宝贵的财富。

九是网络安全将成为人类面临的共同挑战。互联网为人类社会构建了全新的发展空间，随着网络空间成了人类发展新的价值要地，网络空间安全将成为关注的重要领域。

互联网领域的竞争将越来越激烈，网络技术的发展也越来越成熟，随着网络技术的发展，保护数据隐私的 AI 技术将加速落地，可以有效解决数据孤岛以及数据共享可信程度低的问题。“云”技术也将成为 IT 技术创新的中心，“云”技术正在重新定义 IT 的一切。技术的变化日新月异，但互联网思维方式不会改变，只有我们善于活学活用，用互联网思维想互联网的事、做互联网的事，解决好互联网发展中存在的问题，就一定在今后的互联网竞争中立于不败之地。

参考文献

[1] 李国建. 移动营销 [M]. 北京：机械工业出版社，2015.

[2] 段建，安刚. 移动互联网营销 [M]. 北京：中国铁道出版社，2016.

[3] 洪兵. 孙子兵法与经理人统帅之道 [M]. 北京：中国社会科学出版社，2005.(2015.11 重印).

[4] 熊友君. 移动互联网思维：商业创新与重构 [M]. 北京：机械工业出版社，2015.

[5] 赵大伟. 互联网思维独孤九剑 [M]. 北京：机械工业出版社，2016.

[6] 项建华，蔡华，柳荣军. 互联网思维到底是什么 [M]. 北京：电子工业出版社，2015.

[7] 张双旗. 孙子兵法对现代企业战略管理的启示 [J]. 中国集体经济，2020 (36)：56－57.

[8] 原梦琦. 孙子兵法对现代企业管理的启示 [J]. 现代商业，2018 (28)：86－87.

[9] 于萍萍.《孙子兵法》的博弈思维在情报竞争中的应用研究 [D]. 哈尔滨：黑龙江大学，2018 (6).

[10] 王军伟. 浅议《孙子兵法》对企业管理的价值 [J]. 现代商业，2020 (6)：110－111.

[11] 任俊华. 《孙子兵法》中的战略思维 [J]. 中国领导科学，2019 (1)：26.

[12] 曲婉嫡，钱俊伟.《孙子兵法》与现代营销管理理论 [J]. 农村经济与科技，2018 (6)：73.